L'Art Moderne Révélé

Une Chronique des 19e et 20e Siècles

JIM BARROW

Index

Introduction

Chère lectrice, cher lecteur,

tout d'abord, merci d'avoir choisi mon livre ! Je voudrais vous raconter comment l'idée de l'écrire est née, afin que vous puissiez vous orienter vers le contenu et comprendre s'il correspond à ce que vous recherchez.

Je cherchais un ouvrage d'histoire de l'art moderne, mais pas n'importe lequel. Je voulais un livre présentant trois qualités indispensables pour que la lecture soit un plaisir : suffisamment approfondi sans être longuet, non académique et caractérisé par un langage courant et pas trop policé. Alors, entre deux recherches, je me suis dit : et si je l'écrivais ? C'est bien. Ce que vous avez entre les mains est le livre que j'ai écrit. J'ai fait simple, mais comme pour tout ce que j'écris, j'ai dû lire et étudier tous les livres académiques !

Alors, cher lecteur, si toi aussi, comme moi, tu cherchais un texte d'histoire de l'art informatif, juste assez pour combler tes lacunes culturelles sur les mouvements artistiques depuis le 19e siècle et assez léger pour te raconter quelques anecdotes sympathiques, le voici.

Voici donc comment j'ai décidé de structurer le contenu de ce livre d'histoire de l'art : après avoir défini trois sections organisées en mouvements artistiques du 19e siècle, mouvements artistiques de la première moitié du 20e siècle et mouvements artistiques de l'après-guerre, en utilisant un langage aussi simple que possible, j'ai organisé les chapitres en deux parties, l'une consacrée à une description de la naissance et des caractéristiques des mouvements artistiques traités, et l'autre consacrée à la plupart des artistes qui ont rendu possible la diffusion des différents mouvements artistiques, car ce n'est qu'en connaissant un peu leur biographie et leurs peintures que l'on peut comprendre comment les périodes artistiques se sont développées et ont évolué ; par ailleurs, lorsque j'ai pu trouver un peu plus d'informations, j'ai enrichi les chapitres de curiosités sur la vie des artistes.

J'ai écrit chaque page en pensant à vous, en partageant avec vous quelques réflexions que j'ai mûries pendant la phase d'étude, mais je vous invite à considérer ce livre comme un point de départ pour avoir une vue d'ensemble de tout ce qui s'est passé dans le monde de l'art depuis le XIXe siècle et à approfondir ce qui vous intéresse le plus en continuant à étudier et à lire beaucoup d'autres livres sur le sujet, y compris les fameux volumes de plusieurs centaines de pages qui regorgent d'informations précieuses !

Cela dit, commençons ensemble ce voyage dans un monde plein de couleurs, de formes, de dessins, de lignes et de styles différents qui nous ont offert la possibilité d'apprendre à connaître ce que nous étions, ce que nous sommes et ce que nous serons simplement en nous arrêtant pour regarder une œuvre d'art et en nous laissant surprendre à chaque fois.

Jim!

MOUVEMENTS ARTISTIQUES DU 19E SIÈCLE

Avant le romantisme

J'ouvre ce chapitre par un point d'interrogation : où commence l'art moderne ? Existe-t-il peut-être une chronologie pour nous aider à le comprendre ? Cette question m'est venue à la lecture d'une réflexion sur les mutations de l'art. En fait, je me suis reflétée dans les mots de la personne qui a écrit cette réflexion. Je pense que c'est comme ça : après tout, tout dépend de l'époque dans laquelle nous nous trouvons. Imaginez que vous êtes un artiste du 19e siècle et que vous regardez des peintures du 15e siècle. Vous, qui ne savez pas ce que sera l'avenir et qui ne savez pas qu'il y aura un jour ce que l'on appelle les avant-gardes artistiques, vous direz probablement que la vôtre est de l'art moderne et que l'art du XVe siècle est ancien ; inversement, si vous étiez futuriste, cubiste ou minimaliste du XXe siècle, vous diriez que l'art du XIXe siècle est ancien par rapport au vôtre, que l'on peut considérer comme moderne.

Après la phase de la peinture primitive ou ce que les sources historiques nous ont permis de reconstituer, pendant longtemps, surtout en Europe, l'art a souvent été caractérisé par des thèmes religieux. Avec l'avènement de l'art moderne, que les spécialistes situent à partir du romantisme, la conception de la représentation de la réalité change radicalement. L'art devient plus libre, s'éloignant des schémas et des technicités trop académiques et se rapprochant de quelque chose de plus réel et authentique, loin des idéologies. Un exemple en est les portraits qui ne célèbrent plus la grandeur héroïque ou les exploits de personnages puissants, mais leur véritable essence, leurs expressions faciales sincères et spontanées. Il s'agit également d'un art qui délaisse la rationalité, le tangible, pour rechercher l'essence de quelque chose de sublime, de supérieur, de romantique.

Nous nous arrêtons un instant sur le terme "romantique". Saviez-vous que ce terme ne faisait pas référence au fait de tomber amoureux entre deux personnes ou, en tout cas, à l'amour tel que nous le concevons aujourd'hui ? "Romantique" était un adjectif faisant référence à la beauté et à l'authenticité de la nature, face à laquelle l'homme ressentait un sentiment d'anéantissement.

Quand commence donc l'histoire de l'art moderne ?

Bien que l'on ait tendance à fixer une date de début historique, on peut concevoir l'art moderne comme un phénomène qui a lentement pris forme à la suite d'une série de changements d'époque qui ont littéralement changé le monde pour toujours. D'accord, Jim, mais à quel moment l'art moderne a-t-il commencé ? C'est ce que tu me demandes, n'est-ce pas ? Je vous réponds tout de suite !

On commence à parler d'art moderne à partir du XIXe siècle, lorsque le besoin se fait sentir de manifester une rupture nette avec l'art du passé pour entamer une période d'expérimentation des formes, des lignes et des techniques, tout en conservant l'intention de faire de l'art un outil de communication.

La singularité des œuvres d'art qui ont marqué l'avènement de l'art moderne, en particulier les peintures, réside aussi dans les coulisses, ce que nous appelons aujourd'hui les backstages, de la création des histoires qui ont inspiré les scènes des tableaux et aussi dans la vie de certains artistes.

Pensez au célèbre baiser de Francesco Hayez, sur lequel je reviendrai également dans les pages suivantes : saviez-vous que ce tableau ne représente pas un simple baiser entre deux amoureux ? En fait, ce tableau représente une métaphore du patriotisme. J'y reviendrai dans quelques pages, poursuivons maintenant l'introduction à l'art moderne.

Prenons d'abord un peu de recul et voyons ce qui se passait sur la scène artistique et que nous pouvons considérer comme une anticipation de ce que nous appelons "l'histoire de l'art moderne".

La myriade de textes consacrés à ce sujet commence à raconter l'histoire du début de l'histoire de l'art moderne en commençant par les peintres paysagistes anglais, considérés comme les précurseurs du mouvement romantique. Parmi eux, les deux artistes les plus emblématiques, tant pour les expériences personnelles qui les ont amenés à la peinture que pour l'originalité de leurs tableaux, sont John Constable et William Turner. En vous présentant ces deux artistes, je vous initie à ce que je ferai également dans les chapitres suivants : vous parler, quand je le peux, de la vie et de l'œuvre des grands représentants des mouvements artistiques. Qui étaient donc John Constable et William Turner et pourquoi vous parler d'eux ?

- John Constable (1776-1837) était un artiste anglais qui est resté dans les mémoires pour sa manie de peindre les nuages et la campagne. Connaître son parcours privé permet de comprendre pourquoi il a joué un rôle si important dans la détermination de l'exploit de l'art romantique. John Constable est né sous une bonne étoile : originaire de East Bergholt-Suffolck, il grandit dans le marché aux grains, son père Golding étant marchand de cette denrée et propriétaire de plusieurs biens, dont deux moulins à eau et une agence de transport. Qu'importe de savoir tout cela si l'on parle d'histoire de l'art ? C'est simple. Parce que, bien que n'étant pas fils unique, John Constable était l'héritier de toute la fortune familiale, ce qui, si l'on y réfléchit bien, lui a peut-être permis de se consacrer à ses penchants artistiques sans trop se préoccuper de la manière de joindre les deux bouts.

En effet, alors que son frère Abram, à qui il avait confié la gestion de l'entreprise familiale, le soutenait financièrement, en 1795 et donc en faisant ses comptes, vers l'âge de dix-neuf ans, John Constable est parti vivre à Londres pour suivre des cours à la Royal Academy. Voulez-vous savoir comment est née sa passion pour la peinture ? C'est son ami et peintre John Dunthorne (1770-1844) qui lui a transmis son amour de la représentation artistique. Ensemble, ils se plaisent à représenter des paysages de campagne, notamment dans les régions du Suffolk et de l'Essex. C'est ainsi que, comprenant que la peinture est sa voie, John Constable décide de la pratiquer sérieusement, en s'appuyant sur les enseignements de l'artiste John Thomas Smith (1766-1833).

John Constable devait vraiment être amoureux de la peinture de paysage, car ses tableaux sont tout sauf spontanés. Nous pourrions dire qu'il procédait à une inspection, réalisait un croquis et retournait ensuite à son atelier pour le transférer sur la toile avec un type de peinture particulier qui rendait ses tableaux caractéristiques : il colorait les formes en les tapotant rapidement avec son pinceau et en ajoutant des taches de couleur, ce qui donnait aux images de paysage du dynamisme et des contrastes dimensionnels. Vous me direz, cher lecteur, avez-vous réalisé à quel point John Constable était engagé ? Pourtant, vous ne le croirez pas, mais, à l'époque, son art était peu apprécié dans son pays natal et il dut attendre 1824 pour que ses toiles soient exposées à Paris et remportent le succès qu'il méritait et pour être considéré comme le précurseur de la peinture de paysage romantique. Et, comme il arrive toujours à ceux qui sont d'abord maltraités puis appréciés lorsqu'ils deviennent célèbres, en 1829, il devient membre de la Royal Academy. John Constable nous a laissé de nombreuses œuvres, mais les plus représentatives sont : *Étude de nuages à Hampstead* (1821), *Stonehenge* (1835), *Cathédrale de Salisbury vue des terrains de l'évêque* (1823), *Cathédrale de Salisbury vue des prés* (1831), *Étude pour un paysage marin, bateau et ciel orageux* (1824-1828).

- Joseph Mallord William Turner (1775-1851), plus connu sous le nom de William Turner, est considéré comme l'un des plus talentueux paysagistes et artistes anglais de tous les temps. Il s'est fait connaître du public pour ses représentations de paysages dans des aquarelles et des peintures à l'huile. L'une de ses premières aquarelles a été exposée en 1790 à la Royal Academy. La particularité de l'art de William Turner réside dans sa passion pour l'environnement marin et la luminosité des images. L'œuvre de cet artiste a été véritablement prolifique si l'on considère qu'entre ses différentes productions, il a réalisé de nombreuses œuvres d'art, y compris des esquisses. Dans chacune de ces productions, on observe une tendance à bouleverser les structures de l'art classique, qui trouve son expression dans la nature et les taches de couleur, portées sur la toile par des nuances définies par des veines claires ou moelleuses.

Contrairement à John Constable, sa vie n'a pas toujours été facile. Il n'était pas héritier et n'avait pas de parents prêts à financer son éducation et son activité artistique. Son père avait deux emplois pour subvenir aux besoins de la famille et sa mère souffrait d'une maladie mentale qui l'a conduite à passer le reste de sa vie dans un établissement de soins. C'est pourquoi, à l'âge de dix ans, William Turner est transféré chez un oncle à Brentford, où il peut exprimer ses talents de peintre. Quelques années plus tard, en 1789, il est admis à la *Royal Academy of Arts*. Il commence alors à voyager en

Europe, où il peut étudier les différentes morphologies de paysages qu'il reproduit sur ses toiles. Pendant cette période, il confie à son père la gestion de ses affaires financières, trouve l'amour et devient père de deux filles.

Partant de l'art classique, William Turner a réussi à donner à ses tableaux une touche de personnalité romantique, entendue au sens du mouvement artistique. Emblématique est l'huile sur toile *Naufrage. Bateaux de pêche tentant de sauver l'équipage* (1805), une peinture qui suit l'un des courants de l'art romantique, à savoir la tempête marine, considérée comme un symbole de la rébellion de la nature lorsqu'elle se transforme de mère en marâtre, évoquant la poétique du sublime dans les âmes sensibles. J'ai choisi de vous parler de cette œuvre de William Turner parce qu'il y a une petite curiosité à son égard. Plus qu'un fait avéré, il s'agit d'une légende, mais William Turner se serait inspiré du poème *Shipwreck* de Wiliam Falconer (1732-1769). Ce que l'on sait avec certitude, c'est que William Turner a créé le tableau à partir d'esquisses représentant une tempête à Calais, où il est arrivé par bateau en 1803, alors qu'il travaillait sur le tableau *The Pier of Calais*. Le tableau *Naufrage. Bateaux de pêche tentant de sauver l'équipage* se distingue également par les coups de pinceau et les couleurs utilisés, si bien agencés qu'ils représentent le chaos généré par la tempête : les marins tentent de sauver leurs camarades de la fureur de la mer, tandis que les vagues se déchaînent de manière menaçante, générant un chaos qui représente métaphoriquement l'angoisse émotionnelle, mais aussi la force de ne pas abandonner et de continuer à avancer malgré les hostilités de la nature.

Un autre tableau emblématique de William Turner est *Lumière et couleur (théorie de Goethe)* de 1843, où l'on trouve toutes les couleurs de base telles que le jaune lumineux, le blanc, l'orange, le rouge, le bleu et le vert, qui font partie de ce que l'on appelle le disque chromatique.

Nous sommes maintenant prêts à entamer officiellement notre voyage à travers l'histoire de l'art moderne. Je vous attends à la page suivante avec le romantisme.

Romantisme

Le terme "romance" a deux significations. Il est généralement attribué à l'anglais *romantic*, qui signifie quelque chose d'imaginatif, généralement lié aux romans. Ce fut le cas jusqu'au XVIIe siècle, car plus tard, au XVIIIe siècle, ce terme a été associé à une signification liée aux émotions suscitées par les œuvres d'art.

Par romantisme, on entend un mouvement artistique défini par une poétique fondée sur deux concepts inspirés de la nature : le pittoresque et le sublime. Le sublime désigne tout ce qui est généré par la peur du vide, en réponse au chaos intérieur issu de l'opposition entre la raison et le sentiment et à la combinaison des émotions déclenchées par le spectacle offert par l'action de la nature, considérée à la fois comme mère et marâtre. Le spectacle de la nature et les sentiments auxquels participe l'homme romantique correspondent au pittoresque, entendu également comme l'essence du temps passé, de la nostalgie ressentie et de la réflexion sur son écoulement.

Historiquement, on situe le début du romantisme en 1800. Il s'agit d'un mouvement qui englobe plusieurs branches de la culture, de la philosophie et de l'art et dont le centre se situe en Europe entre l'Allemagne, l'Angleterre, l'Italie et l'Espagne.

Le romantisme est né d'une nouvelle manière de faire de l'art visant à valoriser et à rechercher les sentiments les plus intimes de l'artiste, en s'opposant aux thèses des Lumières et à la recherche d'une explication de l'immanence au centre de la production.

Il existe de nombreux termes pour décrire l'art romantique. L'un d'entre eux est "langoureux", que l'on retrouve par exemple dans les peintures des précurseurs John Constable et William Turner. Le passé est un autre terme, car l'art romantique évoque des détails médiévaux et classiques.

En 1859, le peintre Francesco Hayez (1791-1882) a créé la première version du tableau *Le Baiser*. Ce tableau est le plus emblématique du romantisme, et ce pour plusieurs raisons. Comme je l'ai mentionné dans les pages précédentes, l'image des deux amoureux s'embrassant sur fond de décor médiéval a une valeur symbolique précise. L'idée est née lorsque Francesco Hayez a été chargé par le comte Alfonso Maria Visconti di Saliceto de créer un tableau qui soulignerait l'intention d'une alliance entre l'Italie et la France. Le tableau devait contenir des éléments symboliques pour ne pas éveiller les soupçons, ce qui n'était pas rare pour les artistes de l'époque, occupés à produire des œuvres d'art apparemment éloignées de la réalité afin de ne pas révéler d'intentions politiques. Lorsque Francesco Hayez a achevé l'œuvre, il a dépassé toutes les attentes : personne n'aurait imaginé que la robe d'une femme perdue dans un baiser avec son bien-aimé représenterait le drapeau français et que les accessoires de cette dernière feraient référence aux futures couleurs du drapeau italien et aux brigands du sud. La position des deux amants est également suggestive : elle tente de s'accrocher à lui qui, un pied posé sur une marche, tient sa tête entre ses mains. En y regardant de plus près, ce pied posé sur la marche suggère que ses minutes sont comptées en raison d'un engagement imminent, probablement un combat. Le tableau leur plut tellement que Francesco Hayez en réalisa d'autres.

Cette peinture est devenue une véritable légende, à tel point que, vers 1920, elle a été utilisée comme symbole d'une célèbre marque italienne de chocolats ; en outre, en 1954, le réalisateur Luchino Visconti a cité cette peinture dans une scène du film *Senso*.

Francisco José de Goya y Lucientes (1746-1828), plus connu sous le nom de Francisco Goya, est un autre artiste associé au romantisme, bien que sa peinture se situe entre ce mouvement artistique et le néoclassicisme. Dans le contexte romantique, sa peinture est sombre, lugubre, ancrée dans une réalité dépeinte de manière visionnaire, dessinée à la suite de cauchemars intérieurs et peinte entre ombre et lumière. À partir des données que j'ai recueillies, je vous parlerai de lui à partir de 1771, année de son mariage à Madrid avec Josefa Bayeu, sœur de trois peintres, dont Francisco, qui devint son professeur. Grâce à son beau-frère Francisco, il commence à travailler à la cour d'Espagne en 1774, où il est responsable des décors de la tapisserie royale. En 1786, il est nommé peintre du roi et c'est le début d'une période prospère et heureuse pour lui, qui se manifeste également dans le style pictural des tableaux consacrés à la vie sociale. En 1792, une mystérieuse maladie le rend sourd, changeant son humeur et sa façon de peindre, mais c'est à cette époque qu'il réalise l'intéressante œuvre *Los Caprichos*, un recueil de quatre-vingts gravures satiriques sur la folie, l'extravagance, les vices et la faiblesse humaine. Plus tard, en 1808, avec le début de la guerre d'indépendance espagnole, il donne naissance à deux de ses plus grands chefs-d'œuvre : la *Maja desnuda* et la *Maja vestida*.

Parmi les autres œuvres de Francisco Goya, citons *Les désastres de la guerre* (1810-1820), *2 mai 1808* et *3 mai 1808*.

Réalisme

Le réalisme est un mouvement artistique né en France et situé historiquement en 1855, une année qui montre clairement qu'il va de pair avec le romantisme, bien qu'il se concentre sur un aspect opposé, à savoir l'abandon de l'apothéose des sentiments célébrée par le romantisme.

Le réalisme correspond à une forme d'art qui est née en réponse à la nécessité de représenter la dimension politique et sociale et l'engagement de l'individu et du peuple en faveur d'une orientation plutôt qu'une autre.

Prenons un peu de recul car, si l'exploit a eu lieu en 1855, tout a commencé avec les soulèvements populaires qui avaient eu lieu en Europe dans les années précédentes, notamment la Révolution française de 1789 et les soulèvements révolutionnaires qui ont commencé en 1848 pour exprimer le sentiment de critique de la société bourgeoise et le besoin de montrer la réalité telle qu'elle est, et c'est ainsi que l'on a réalisé des peintures représentant la pauvreté, la satire politique et même ce qui était considéré comme scandaleux.

Les peintres réalistes décident de représenter même ce qui est jugé peu beau, jugé digne d'être représenté parce qu'il fait partie de la réalité, notamment pour mettre en évidence ce qui se passe réellement dans la sphère sociale. Pensez par exemple au tableau de Jean-François Milet (1814-1875) *Des glaneuses* (1857) ou au tableau d'Honoré Daumier (1808-1879) *Le wagon de troisième classe* (1862).

Connaissez-vous le nom de l'artiste le plus représentatif du réalisme ? Il s'agit de Gustave Courbet (1819-1877), qui a jeté les bases de sa formation artistique en étudiant sur plusieurs fronts : en autodidacte, en étudiant les œuvres des artistes exposés au Louvre à Paris, en s'inspirant de la littérature romantique et en prenant des leçons auprès de maîtres expérimentés. Grâce à ses études et au temps qu'il a dû consacrer à la pratique, à en juger par la beauté de ses œuvres, il a même fait ressortir les traits du mouvement artistique pré-impressionniste ; en outre, il a proposé une technique novatrice dans le monde artistique de l'époque, appelée empâtement, parce que la couleur était appliquée sur la toile à l'aide d'un couteau à palette.

L'œuvre qui l'a rendu célèbre est *l'Autoportrait au chien noir*, exposé pour la première fois en 1844 au Salon de Paris, où, selon certaines sources qui lui sont consacrées, cette œuvre destinée à devenir célèbre a d'abord été rejetée par le jury. Mais Gustave Courbet ne s'est pas laissé décourager par les premiers refus. Il croit tellement en ses capacités qu'il monte seul *Du réalisme*, une exposition d'art qu'il présente au public en exposant pas moins de quarante toiles et un livret, que l'on appellera plus tard le manifeste du réalisme.

Heureusement, dans les années qui suivent, le talent de l'artiste est également reconnu, semble-t-il, par le jury du Salon car, vers 1850, Gustave Courbet s'essaie à nouveau, se distinguant par trois œuvres de pur réalisme consacrées à la représentation de la condition sociale : *Les Paysans de Flagey* (1850-1855), *Les Casseurs de pierres* (1849), endommagé pendant la Seconde Guerre mondiale, et *Un enterrement à Ornans* (1849-1850). D'autres œuvres célèbres de l'artiste, toujours mentionnées dans les livres d'art, sont les suivantes : *L'atelier du peintre* (1854-1855), *Les Demoiselles des bords de la Seine (été)* (1856).

Bref, Gustave Courbet s'y connaît. En plus de persévérer dans la réalisation de son rêve de devenir un artiste reconnu, Gustave Courbet s'engage politiquement en tant que militant : il est élu à la Chambre et devient même président de la Fédération des artistes, dont le but est d'éliminer la censure artistique et, d'ailleurs, si vous avez lu les lignes précédentes, vous avez sans doute remarqué que j'ai mentionné des œuvres réalistes qui ont fait scandale. Voici. Chez Gustave Courbet, le scandale se trouve dans l'érotisme dont sont empreintes certaines de ses œuvres. Deux des ouvrages les plus connus sont : *L'Origine du monde* (1866) et *Le Sommeil* (1866).

Si *L'Origine du monde* a fait sensation et peut être considéré comme le tableau-manifeste du rejet de la censure sur les œuvres d'art, un autre épisode a marqué la biographie de Gustave Courbet : il a été accusé d'avoir provoqué la chute de la colonne Vendôme en 1871, ordonnée par Napoléon Bonaparte en l'honneur de sa victoire à la bataille d'Austerlitz. Vous vous demandez peut-être : dans quel sens ce monument est-il tombé ? Tout est parti d'une rumeur. Selon certaines rumeurs, Gustave Courbet n'aimait pas la colonne parce qu'elle symbolisait des principes d'autoritarisme et d'oppression, et c'est pourquoi elle ne pouvait pas continuer à être ornée. Est-ce vrai ? Comme tout ragot, cette anecdote a pu être exagérée, mais comme ces rumeurs ont dû se répandre, lorsque la colonne Napoléon a été abattue, tout le monde s'est mis à dire que c'était sur l'ordre de Gustave Courbet. Comment l'affaire a-t-elle été résolue ? Gustave Courbet a dû payer des dommages et intérêts, mais comme il était dépendant de l'alcool, il est mort avant de commencer à les payer. Nous ne savons pas comment les choses se sont passées, mais ce qui est certain, c'est que nous devons être reconnaissants à cet artiste d'avoir eu le courage d'oser avec sa peinture et d'inspirer tant d'autres artistes encore aujourd'hui.

D'ailleurs, même si les livres d'art, comme tant de ses confrères, parlent de lui, Gustave Courbet n'aurait jamais pu imaginer qu'il ferait scandale, même des années et des années plus tard, à l'ère de l'art reproduit au pixel. En effet, son tableau *L'origine du monde* a été occulté par le réseau social Facebook en vertu des règles qui interdisent strictement le partage d'images trop osées. C'est un professeur qui a diffusé l'œuvre de Gustave Courbet et dont le profil a été désactivé peu de temps après !

Impressionnisme

Né en France, l'impressionnisme est envisagé à partir de 1863 et se développe historiquement jusque vers 1880. Reprenant les avant-gardes romantiques et réalistes, y compris dans l'utilisation des couleurs, les impressionnistes se consacrent à l'art en plein air.

Ce mouvement artistique n'a pas de style prédéfini, mais englobe différents types de techniques et de points de vue. Un élément commun que l'on peut attribuer aux impressionnistes est la rapidité d'exécution des œuvres, généralement réalisées en quelques heures, et l'utilisation de la peinture à l'huile, dans le but d'imprimer sur la toile les sensations visuelles et les perceptions évoquées par l'observation des paysages à différents moments de la journée et avec un type de lumière différent, mettant ainsi sur la toile les impressions réelles dérivées de l'étude du paysage. Vous savez quoi ? Comme tout ce qui est destiné à briller avec le temps et à connaître un grand succès, les peintures impressionnistes ont également été initialement discréditées et rejetées. Devinez où ? Là encore, au Salon de Paris, où, en 1863, des centaines de tableaux ont été écartés parce qu'ils n'étaient pas assez classiques. Certes, ils ont été jugés "modernes", mais tous les artistes n'ont pas été intimidés par le jugement qu'ils ont reçu, sûrs de leur potentiel et prêts à critiquer tout ce qui était trop académique ; en outre, bien qu'ils aient considéré cela comme un point de départ, les impressionnistes ont commencé à s'opposer à l'idéal pictural romantique pour imprimer sur la toile ce qui relevait de la véritable réalité extérieure, de la vie contemporaine, "photographiant" exactement ce qu'ils voyaient à un moment précis.

Savez-vous d'où vient cette passion, voire cette obsession de la couleur ? Sans doute y a-t-il là quelque chose de spontané, comme c'est le cas pour la plupart des choses, mais il y a aussi la main d'un certain Michel Eugène Chevreul, un chimiste qui, en 1840, alors qu'il travaillait dans une usine textile, découvrit que deux couleurs complémentaires rapprochées et observées de loin ressortent beaucoup plus et tendent à briller en absorbant la prédominance de la couleur générée par leur fusion. Il s'agit de la validation scientifique des techniques impressionnistes, qui influencera plus tard les post-impressionnistes.

Certaines sources nous apprennent qu'en opposition au Salon officiel, à l'initiative de Napoléon III, le *Salon des refusés* a été créé pour donner une place aux œuvres rejetées, parmi lesquelles *Le déjeuner sur l'herbe* (1863) d'Éduard Manet, qui exposera également la scandaleuse *Olympia* (1863) quelques années plus tard.

En avril 1874, les impressionnistes exposent leurs œuvres, première véritable présentation de leur mouvement artistique, mais aucun d'entre eux n'a pensé à se donner une étiquette définie. C'est le critique d'art Louis Leroy qui a inventé le terme d'après le tableau de Claude Monet *Impression, soleil levant* (1872). À partir de là, on commence à parler d'impressionnisme, un mouvement artistique caractérisé par des coups de pinceau et des techniques particulières, qui ont rendu cette forme de peinture unique par rapport aux précédentes, avec des contrastes d'ombre et de lumière et des couleurs bien définies. n ce sens, l'utilisation de la couleur en relation avec la lumière, capable d'influencer les teintes d'un objet donné, a fait l'objet d'un important travail. C'est pourquoi la tendance à peindre en plein air était en vogue, afin de capter les différentes nuances de la lumière à différents moments de la journée et en fonction des conditions météorologiques, comme le montre par exemple le tableau emblématique de la *cathédrale de*

Rouen de Claude Monet, qui a été décliné en plusieurs variantes. C'est ce qui s'est produit quelques années plus tard avec l'avènement du septième art, le cinéma, qui a affiné au fil des ans les techniques de production vidéo en travaillant sur la photographie, entendue non pas comme des prises de vue, mais comme le placement correct des scènes à filmer en fonction de la lumière du jour et parfois, si nécessaire, à l'aide d'une lumière artificielle utilisée de manière spécifique.

Les impressionnistes sont devenus une véritable légende, un peu comme les cinéastes célèbres aujourd'hui, et leur mouvement artistique s'est rapidement répandu dans toute l'Europe. Qui sont les impressionnistes les plus célèbres de tous les temps ? Les voici :

- Paul Cézanne (1839-1906) est un impressionniste que l'on range souvent dans le courant post-impressionniste parce qu'il a cherché à se distinguer de ses collègues plus subjectifs. Il s'intéresse plutôt à l'objectivité, en ce sens que son but est de représenter les choses telles qu'il les voit, quelle que soit la lumière. On peut dire qu'il a été le précurseur d'une nouvelle façon de voir l'art, qui n'est plus associée à l'imagination. Son orientation picturale repose sur un point de vue clairement défini : la perception humaine est confuse, ce qui implique l'étude et la concentration afin de trouver l'ordre à travers l'art. L'art se transforme ainsi en un instrument qui offre au spectateur l'image dans son essence, telle qu'elle est perçue par l'œil, sans contamination émotionnelle ni illumination, réalisant ainsi l'abstraction, c'est-à-dire la focalisation sur un seul objet qui, malgré l'incomplétude du champ visuel, rétablit l'ordre, réalisant ainsi la "construction de la vérité".

Voyons maintenant quelques faits intéressants sur Paul Cézanne : sa formation n'a pas été immédiatement orientée vers le monde de l'art. Il commence par étudier le droit, puis, lorsqu'il se rend compte que sa vocation est la peinture, il décide de changer de cap et s'inscrit d'abord à l'*École de dessin* d'Aix, puis à l'*Académie suisse* de Paris. On dit qu'il avait un caractère bien trempé. Plusieurs sources le décrivent comme quelque peu nerveux, taciturne, peu sûr de lui mais aussi visionnaire. Ce qui l'irritait le plus, c'était d'être touché, à tel point que lorsqu'il trébuchait lors d'une promenade, au lieu de remercier, il grondait l'ami qui l'avait aidé à se relever. Ces traits de sa personnalité ont eu un impact positif sur sa recherche artistique, qu'il a poursuivie en faisant la sourde oreille à ceux qui ne croyaient pas en lui, puis en se donnant raison avec ses chefs-d'œuvre. S'il ne s'était pas opposé, s'il n'avait pas défendu bec et ongles sa conception de l'art, peut-être ne parlerions-nous pas aujourd'hui de l'impressionnisme. Parmi ses œuvres majeures, citons : *Autoportrait* (1883-1887), *Paysage d'Auvers-sur-Oise* (1874), *Les grandes baigneuses* (1898), *L'Estaque* (1885), *Les joueurs de cartes* (1890-1895).

- Hilaire Germain Edgar Degas (1834-1917), plus connu sous le nom d'Edgar Degas, est un impressionniste français qui s'est consacré à la peinture et à la sculpture, se distinguant de ses collègues par sa tendance à peindre à l'intérieur plutôt qu'à l'extérieur. Il fait partie de ces artistes nés dans une famille aisée qui ont pu se consacrer à leur vocation artistique. Mais, comme Cézanne, il connaît lui aussi une parenthèse consacrée à des études de droit et ce n'est qu'à partir de 1854 qu'il trouve sa véritable voie : l'art. Grâce au soutien financier de sa famille, il a eu la possibilité de créer un atelier à domicile, ce qui lui a permis de donner libre cours à sa vocation artistique. Un temps bien employé car il est devenu célèbre parmi les impressionnistes pour ses pastels et ses peintures à l'huile. Edgar Degas a notamment passé son temps à étudier la représentation du mouvement à travers la représentation de la danse, à tel point que beaucoup se souviennent de lui pour ses peintures représentant des danseuses. Pour nourrir son talent, il étudie de différentes manières : avec un élève de Jean-Auguste-Dominique Ingres à l'*École des Beaux-Arts*, avec les maîtres du Louvre et en s'inspirant de l'art de la Renaissance des vieux maîtres en Italie, notamment à Naples. Sa rencontre avec Édouard Manet le rapproche de l'impressionnisme et lui permet de se consacrer à la représentation de sujets contemporains, comme le ballet, le théâtre ou les salles de spectacle, mais il reste malgré tout fidèle à son point de vue : il n'aime pas la peinture en plein air. Parmi ses principales peintures, citons *L'Étoile* (1876-78), *La Classe de danse* (1871), *Aux courses en province* (1872), *L'absinthe* (1875-1876).

- Édouard Manet (1832-1883) est un artiste français considéré, selon les mots de Charles Baudelaire, comme le peintre de la vie moderne, son art étant considéré comme le pont entre le réalisme et le pré-impressionnisme. Cette conception de l'artiste comme peintre de la vie moderne est juste jusqu'à un certain point, car il faut tenir compte du fait que son art était circonscrit à son milieu social, c'est-à-dire à ce que l'on appelait à l'époque la classe moyenne supérieure. Comme mentionné quelques lignes plus haut, ses peintures, peut-être aussi inspirées par sa vie libertine, car il avait la réputation d'être un coureur de jupons, firent scandale. La vie d'Édouard Manet présente plusieurs aspects intéressants : il n'aimait pas du tout la présence de Paul Cézanne, en fait, les deux se détestaient. Il éprouvait également une certaine aversion pour son presque-homonyme Claude Monet, car bien qu'ils fussent amis, cette presque-homonymie était souvent une cause de confusion entre les deux !

- Claude Monet (1840-1926) est considéré comme le peintre de la lumière, en raison de ses études et du temps qu'il a passé à expérimenter la représentation de tableaux basés sur la lumière. Je vais vous parler de cet artiste prolifique en commençant par une curiosité sur son nom que tout le monde ne connaît peut-être pas : son vrai nom est en fait Oscar Claude, dont on ne trouve qu'une trace dans ses premières œuvres. C'est sa mère, passionnée d'art, de musique et de littérature, qui a stimulé et nourri son talent. Bien que son père ait eu d'autres ambitions professionnelles pour lui, il ne l'a jamais empêché de réaliser ses objectifs artistiques.

Pour lui aussi, les possibilités économiques étaient bien en place pour pouvoir vivre une vie tranquille, en se consacrant à sa passion pour les paysages, en particulier les paysages normands, car, bien qu'originaire de Paris, il a passé une partie de sa vie près du Havre, en Normandie, où il s'était installé avec sa famille en 1845 pour les besoins du travail de son père. Ce qu'il ne supporte pas, c'est la méthode d'enseignement proposée par l'école qu'il fréquente, qu'il considère comme rigide parce qu'elle l'éloigne de la vie en plein air, où il préfère passer son temps à apprécier les couleurs de la nature. On le devine, la seule matière où il ne s'ennuie pas est le dessin. C'est pourquoi, à partir de 1851, il décide d'approfondir sa passion pour le dessin en prenant des cours auprès de Jacques-François Orchard.

En 1857, sa première exposition a lieu au Havre. Deux ans plus tard, il s'installe à Paris, ville favorable à son talent grâce à ses rencontres avec des artistes confirmés. C'est en 1865 qu'il rencontre sa future épouse, le modèle Camille Doncieux, qui pose pour lui dans des tableaux qui connaissent un certain succès mais ne conduisent pas le couple à une grande richesse. En 1874, il a l'occasion de voir ses œuvres exposées aux côtés de celles des autres impressionnistes, mais il ne s'arrête pas, il continue à nourrir sa veine artistique, si bien qu'en 1878, il part pour Londres, où il se lie d'amitié avec William Turner et John Constable, puis se rend en Hollande et enfin revient en France, à la recherche d'un lieu propice à la fois à la vie et à l'inspiration. Devenu veuf, il décide de vivre quelque temps dans la solitude, sans cesser de produire. Quelque temps plus tard, il entame une liaison amoureuse avec sa seconde épouse, la veuve Alice Hoschedé, avec laquelle il s'installe à Giverny, où il peut donner libre cours à sa veine artistique, en commençant par l'aménagement du jardin de sa maison, puis par l'élément qui déterminera son trait distinctif : les nénuphars qu'il plante dans son étang. Entre-temps, ses œuvres sont exposées dans la plupart des régions du monde. Parmi ses œuvres majeures, on peut citer : *Impression, soleil levant* (1872), *Le Bassin aux nymphéas* (1899), *Les Nymphéas* (1919), *Femmes au jardin* (1866), *Le Déjeuner sur l'herbe* (1866), *Autoportrait* (1917).

- Jacobe Camille Pissarro (1830-1903) est né d'un père français, propriétaire d'un magasin, et d'une mère créole dans une colonie danoise située sur une île des Antilles. Sur l'ordre de son père, il étudie dans un lycée parisien et, une fois ses années d'apprentissage terminées, il retourne auprès de sa famille, qu'il aide à gérer les affaires de l'emporium, tout en cultivant une passion pour la peinture qu'il développe en autodidacte, passion qui palpite tellement en lui qu'elle le conduit à choisir, en 1852, d'en faire son métier et de s'installer au Venezuela avec Fritz Melbye (1826-1869) afin de se consacrer à son art, fuyant ainsi l'opposition de ses parents, et où il restera jusqu'en 1855 avant de se rendre à Paris pour approfondir ses connaissances artistiques à l'*École des Beaux-Arts*, approuvé par son père lorsqu'il s'est rendu compte que son fils avait vraiment du talent pour la peinture. Il décide également de s'inscrire à l'*Académie Suisse*, où il se lie d'amitié avec Claude Monet en 1859, année de ses débuts au Salon.

Son art se distingue par la représentation de paysages tropicaux et de certains quartiers de Paris. On se souvient également de ses premières expériences en matière de pointillisme et d'expérimentation de différentes techniques. Il devient ainsi non seulement l'un des principaux représentants de l'impressionnisme, mais aussi le seul peintre à voir ses œuvres exposées dans toutes les éditions des expositions consacrées au mouvement artistique, tant au *Salon des Refusés* qu'au *Salon* principal, ce qui lui vaut la considération de tous.

En 1872, il devient le maître de Paul Cézanne, à qui il donne des leçons sur la manière de représenter ce qui se trouve en plein air près de Pontoise. Sa vue s'est affaiblie, ce qui l'a amené à peindre moins d'extérieurs et beaucoup plus la vie urbaine qu'il entrevoyait depuis les fenêtres des lieux où il séjournait au cours de ses voyages. Saviez-vous que presque tous ses enfants ont suivi ses traces ? Il ne pouvait en être autrement avec un père aussi talentueux que lui qui a réalisé des tableaux tels que : *Boulevard Montmartre, matinée de printemps* (1897), *Boulevard Montmartre la nuit* (1897), *L'Ermitage à Pontoise* (1867).

- Pierre-Auguste Renoir (1841-1919) est peut-être l'un des impressionnistes les plus connus. Sa biographie est en quelque sorte sui generis. Alors que l'on a souvent vu dans les lignes qui précèdent une fragmentation entre les milieux des artistes fortunés et ceux des artistes qui devaient gagner leur pain quotidien, on peut commencer par dire qu'il était un travailleur innovant qui avait déjà compris comment adapter ses compétences pour les rendre rentables. Issu d'une famille ouvrière, il commence à travailler dans une fabrique de porcelaine comme décorateur, puis entre dans l'atelier de Charles Gleyre, où il fait la connaissance d'Alfred Sisley (1839-1899), de Jean-Frédéric Bazille (1841-1870) et de Claude Monet. Avec ce dernier, il passe du temps à peindre en plein air et ils travaillent ensemble sur le même sujet, côte à côte sur des chevalets.

Pierre-Auguste Renoir fait partie des artistes impressionnistes dont on se souvient non seulement pour leur style, mais aussi pour la joie que ses œuvres procuraient au spectateur. Et ne croyez pas que cette gaieté soit due à une richesse ou à un succès soudain. Il était tout simplement joyeux et aimait faire passer le message qu'il y a toujours une raison de sourire, même dans les difficultés. En effet, dans ses toiles, on peut admirer des personnes toujours en fête, réunies en groupes et symbolisant le mode de vie libertin libéré des conventions sociales de l'époque.

Il a également étudié à l'*École des Beaux-Arts* et s'est lié d'amitié avec d'autres représentants de l'impressionnisme, dont Claude Monet pour les raisons que j'ai expliquées plus haut. Avec d'autres artistes de l'époque, il a été l'un des premiers à expérimenter la peinture en plein air pour étudier et représenter la lumière et les couleurs et, oui, ses œuvres ont également été exposées en 1874 avec celles de tous les autres. Parmi ses œuvres majeures, citons : *Madame Monet lisant* (1872), *Le déjeuner des canotiers* (1881), *Les Parapluies* (1886).

- Alfred Sisley (1839-1899), bien que d'origine anglaise, est considéré comme un artiste français parce qu'il a passé la majeure partie de son temps en France à se consacrer à l'art, mais n'a jamais obtenu la nationalité française. C'est un artiste qui a beaucoup travaillé, mais peu de gens ont pu apprécier ses œuvres, sauf dans la période posthume. Comme d'autres artistes de la même époque, il est également issu d'une famille aisée, ce qui lui permet de se consacrer à ce qu'il aime le plus, bien qu'on lui ait proposé de suivre les traces de sa famille engagée dans les affaires à Londres, où il s'installe pour terminer ses études sans jamais abandonner son amour pour l'art, qu'il nourrit en passant son temps libre dans les musées et en étudiant les arts picturaux. De retour à Paris, il commence à suivre les cours de Charles Gleyre, où il rencontre Claude Monet, Pierre-Auguste Renoir et Jean-Fréderic Bazille, qui deviendront ses compagnons. Ensemble, ils s'organisent pour expérimenter la peinture en plein air, notamment les paysages d'arbres, en s'affranchissant des structures techniques transmises par Charles Gleyre. Il faut cependant préciser qu'il a commencé à s'approcher de l'impressionnisme sous l'influence des tableaux de Camille Corot (1796-1875). Ses œuvres ont également été exposées pour la première fois au Salon, mais seulement à trois reprises : en 1866, en 1868, en 1870 et avec les autres impressionnistes en 1874.

Au cours de la construction de son parcours d'artiste, alors qu'il est en mesure de profiter de la croissance de son talent, il est contraint d'arrêter parce que quelque chose entrave sa carrière : en raison d'un effondrement financier de l'entreprise familiale, il ne peut plus se consacrer à l'art, mais cela sera une motivation pour lui car il commencera à devenir son propre entrepreneur en transformant la peinture en un travail.

Il a démarré son activité avec l'aide de Claude Monet, qui l'a aidé dans la promotion de ses tableaux, qui a été son manager comme on dirait aujourd'hui, et qui a même réussi à les vendre et à les faire exposer à Londres. Ses peintures sont vraiment nombreuses, mais nous pouvons les énumérer ici : *La barque pendant l'inondation, Port-Marly* (1876) et *Le Canal Saint-Martin* (1870).

- Mary Cassat (1845-1926) est une peintre américaine qui s'est engagée dans le mouvement impressionniste à partir de 1866, poussée par son admiration pour des artistes de renom tels que Claude Monet et Edgar Degas, avec qui elle a d'ailleurs conclu un accord de collaboration. Elle est l'une des rares femmes peintres dont on se souvient dans le mouvement impressionniste, et c'est pourquoi elle mérite de figurer dans cette liste, pour rendre hommage à son talent et à son œuvre, dont on se souvient surtout pour les toiles représentant des femmes avec des enfants. Si vous les observez, cette relation innée et immense d'amour, d'affection et de protection que seule une mère et son enfant peuvent avoir à tant de moments différents de la journée transparaît dans ses peintures, comme par exemple *Mère et enfant* (1903). Ce qui rend son art encore plus digne d'attention, c'est son esprit novateur, investi par l'influence du style pictural japonais, qu'il a magistralement représenté dans l'une de ses toiles les plus célèbres : *La cueillette des fruits* (1892).

Post-impressionnisme

Utilisé pour la première fois par Roger Eliot Fry (1866-1934), ce terme fait référence au développement des techniques après l'impressionnisme. Bien qu'il ne doive pas être considéré comme un mouvement artistique à part entière, le terme post-impressionnisme est utilisé pour désigner une tendance générique englobant différentes manières de comprendre l'art, qui s'est étendue sur les deux dernières décennies du XIXe siècle. La phase post-impressionniste est beaucoup plus vivante que l'impressionnisme lui-même car elle se confond avec les avant-gardes historiques qui ont rendu magique l'avènement du XXe siècle, avec le cinéma, la photographie, les nouvelles technologies, les nouvelles découvertes et les nouvelles modes.

Le post-impressionnisme ne reprend que certains aspects de l'impressionnisme, en se concentrant sur des méthodes différentes d'utilisation de la couleur. En outre, les post-impressionnistes n'ont aucun intérêt à peindre en plein air, du moins la plupart du temps, mais préfèrent étudier et créer dans leur atelier.

Ce courant artistique est né en réponse à l'impasse de l'impressionnisme qui, vers la fin du XIXe siècle, commençait à perdre son élan, même si les enseignements et les découvertes qui ont permis aux post-impressionnistes de créer leurs propres œuvres d'art sont restés fermes.

L'équipe post-impressionniste a tenté de s'inspirer des théories de la couleur de Michel Eugène Chevreul.

Prêtez attention à ce passage car ce que je vais vous dire va vous rappeler un souvenir : avez-vous déjà joué avec des feutres en essayant de colorer vos dessins avec beaucoup de points ? Les théories sur la complémentarité des couleurs soutenues par les post-impressionnistes ont été la source d'inspiration du pointillisme, terme introduit par le critique d'art Félix Fénéon. Je vous expliquerai en quelques lignes en quoi l'art du point était novateur. Tout d'abord, faisons connaissance avec les principaux artistes du post-impressionnisme, en dehors de Paul Cézanne déjà cité :

- Vincent Van Gogh (1853-1890) est certainement l'un des artistes les plus controversés, en raison de sa grande capacité à créer des œuvres uniques et de sa personnalité quelque peu exagérée. Nombreuses sont les œuvres qui, des années après leur création, ont suscité l'intérêt des curieux et des érudits en raison d'un certain nombre de mythes qui leur sont associés. L'un d'entre eux est l'*Autoportrait à l'oreille bandée et à la pipe* (1889), où l'on constate une incongruité entre ce qui s'est passé dans la réalité et ce qui a été imprimé sur la toile. Ce tableau fait référence au célèbre épisode de l'oreille que Van Gogh s'est coupée la veille de Noël. L'oreille était à gauche, mais dans le tableau, elle est à droite. Les spécialistes ont justifié cette différence de position par l'image de lui-même reflétée dans le miroir que Van Gogh a utilisé pour réaliser le tableau. *La Nuit étoilée* (1889), dont le nom original est *De sterrenacht*, est un autre tableau de Van Gogh qui ne manquera pas de capter l'attention de ceux qui aiment connaître l'histoire et les curiosités de l'artiste. Ce tableau fait suite à l'épisode mouvementé de l'oreille, après lequel l'artiste a décidé de s'installer dans un établissement près de Saint-Rémy de Provence pour soigner son désarroi intérieur. Paradoxalement, c'est précisément pendant cette période sombre de son existence que Van Gogh a connu un moment prolifique pour l'expression de son talent inné, produisant une série d'œuvres inoubliables, dont *La nuit étoilée*. En effet, la source de son inspiration est l'isolement dans lequel il vit pendant cette période, qui lui permet de jouer entre réalité et imaginaire. Conformément à cette tendance, Van Gogh s'est attelé à la réalisation du tableau *La nuit étoilée* en s'inspirant de ce qu'il voyait de la fenêtre de sa chambre. Il dessine donc le paysage nocturne sur la toile, en y ajoutant ce qui habite son imagination : un petit village dont il se souvient. Cette peinture ne reproduit pas fidèlement la représentation de ce que Van Gogh a vu puisque les barreaux de la fenêtre ne sont pas dessinés, remplacés par le village hollandais de ses souvenirs. En outre, il existe des doutes sur la date de réalisation du tableau : les dates les plus accréditées sont les 18 et 19 juin 1889, mais certains pensent qu'il pourrait s'agir de l'aube d'un jour de mai ou d'autres dates du mois de juin ; même, compte tenu de la position des étoiles représentées, l'idée se confirme que la date de réalisation pourrait correspondre aux derniers jours de mai ou à ceux de juin, phase dans laquelle Vénus, présente dans le tableau, est la plus évidente. Récemment, en 2015 exactement, certains chercheurs ont même émis l'hypothèse que la spirale au centre du tableau *La nuit étoilée* était la galaxie M51. On dit aussi que, bien qu'il s'agisse de son œuvre la plus célèbre, Van Gogh ne l'aimait pas beaucoup, peut-être à cause de sa période d'isolement à Saint-Remy. Vous voulez connaître un autre fait intéressant sur Vincent Van Gogh ? Apparemment, il n'a vendu qu'un seul tableau, et c'était à son frère Théo !

- Édouard Vuillard (1868-1940), peintre, graveur et artiste décorateur d'origine française, commence très tôt sa formation en suivant les cours du peintre Diogène Maillart (1840-1926) à Paris après avoir abandonné le lycée ; puis, comme beaucoup d'autres artistes de la même époque, il s'inscrit à l'*École des Beaux-Arts*, se consacrant largement au réalisme et s'efforçant de suivre une carrière autre que celle souhaitée par sa famille, à savoir la carrière militaire. L'année 1889 marque une étape importante dans son parcours artistique puisqu'il reçoit de Maurice Denis (1870-1943) la proposition de rejoindre les Nabis, qui n'est pas un boys band, mais le nom d'un groupe d'artistes post-impressionnistes et symbolistes dont on se souvient du tableau-manifeste de Paul Sérusier, *Le Talisman* (1888). Les idéaux artistiques de ce groupe ont influencé son style de peinture en l'éloignant du réalisme et en suscitant chez lui un intérêt pour une utilisation plus vive des couleurs.

Édouard Vuillard a rendu son art unique par la manière dont il a représenté la vie quotidienne et domestique. Parmi ses œuvres majeures, citons : *Autoportrait* (1891), *Vallotton et Misia dans la salle à manger de la rue Saint-Florentin* (1899), *Le Boulevard des Battignolles* (1910).

- Paul Gauguin (1848-1903) est le peintre de l'exotisme par excellence. Ses tableaux sont impossibles à oublier et restent gravés dans l'esprit pour le sentiment de paix qu'ils évoquent. Commençons par quelques faits intéressants sur cet artiste afin de comprendre la merveilleuse complexité de ses peintures. Vincent Van Gogh et lui ont vécu ensemble pendant quelques mois dans ce que l'on appelle aujourd'hui la Maison Jaune à Arles en Provence. Au cours de leur collaboration, bien qu'ils ne s'entendent pas très bien, ils se confrontent et s'influencent mutuellement, signant sans le savoir quelques-unes des plus belles pages de l'histoire de l'art. L'idée de vivre ensemble est venue à Paul Gauguin lorsqu'en 1888, le frère de Vincent Van Gogh, Theo, qui est marchand d'art, tombe amoureux de ses toiles et lui propose un salaire de 150 francs par mois pour un tableau par mois.

Après un énième affrontement avec Vincent Van Gogh, Paul Gauguin décide de changer d'air et de s'installer à Tahiti, mais il est bientôt contraint de revenir pour des raisons économiques, pour repartir sur l'île d'Hiva ova, un lieu qui a vraiment profité à son art, qui acquiert un style primitif, abstrait et animiste qui deviendra sa marque de fabrique ; Par ailleurs, au fil des années, Paul Gauguin se spécialise dans le cloisonnisme, une technique de peinture qui s'accompagne de lignes fortes et acérées soulignant les couleurs. Parmi ses principaux ouvrages, citons : *D'où venons-nous ? Que sommes-nous ? Où allons-nous ?* (1897-1898), *Le Christ jaune* (1889), *Autoportrait au chapeau* (1893).

- Henri de Toulouse-Lautrec (1864-1901) est le peintre français des mouvements artistiques les plus sympathiques du XIXe siècle. À sa sympathie s'ajoute, bien sûr, ce talent inné pour l'art qui l'a rendu inoubliable et digne de figurer dans tous les livres d'histoire de l'art. D'origine noble, fils d'un comte et d'une comtesse, il naît avec une maladie génétique qui lui donne une apparence menue, sur laquelle il ironise souvent en disant que son nom est beaucoup plus long que lui, puisqu'il s'appelle Henri-Marie-Raymond de Toulouse-Lautrec-Montfa. Malgré son sens de l'humour et ses origines nobles, Henri de Toulouse-Lautrec n'a pas eu une vie facile : exclu des activités sportives typiques de la noblesse en raison de son apparence, il a préféré s'intéresser à l'art, passant la plupart de son temps dans des lieux isolés du reste de la société. Il fréquente les maisons closes, les bars, le Moulin rouge et boit beaucoup. Ses tableaux mettent souvent en scène les personnes qu'il rencontre dans ses lieux de prédilection, reflétant ainsi son univers intérieur souvent triste. Son père voit d'un bon œil sa passion pour l'art et, sur les conseils d'amis avisés, l'oriente vers une formation académique ; avec le temps, il se perfectionne en prenant des cours auprès du peintre Léon Bonnat (1833-1922). À Montmartre, il rencontre Vincent van Gogh, qui lui sert de modèle pour le tableau *Portrait de Vincent van Gogh* (1887).

Confiant dans ses capacités artistiques, Henri de Toulouse-Lautrec ouvre son propre atelier à Montmartre, un quartier où il est très apprécié pour sa personnalité brillante, quand son côté plus sombre et nerveux, qui apparaît lorsqu'il boit trop, ne prend pas le dessus. Mais ce qui le rend mémorable, c'est la malléabilité de sa peinture, qu'il a su adapter à différents styles, à tel point qu'il était connu non seulement pour ses peintures, mais aussi pour les affiches qu'il réalisait pour des spectacles et des expositions, ainsi que quelques illustrations pour des magazines, un travail qui a fait de lui l'un des premiers publicistes de l'histoire. Comme d'autres artistes, il s'est inspiré de l'art japonais, en particulier des estampes ukiyo-e. Les années où Henri de Toulouse-Lautrec met à profit ses talents artistiques étant celles où naissent le cinéma et la photographie, il n'est pas rare de trouver quelques photographies le représentant. Parmi ses œuvres majeures, citons *Rousse (La Toilette)* (1889), *les gravures du Moulin Rouge* (1891) et *Divan Japonais* (1893).

Pointillisme

Le pointillisme commence à être appliqué en France à partir de 1870 et apparaît comme un courant du post-impressionnisme. Il s'agit d'une technique à base scientifique qui permet d'expérimenter la perception des couleurs et les mécanismes de la perception visuelle.

Pour réaliser leurs œuvres, les artistes intéressés par la technique du pointillisme ont adopté les couleurs primaires et les petits coups de pinceau, ce qui leur a valu le surnom de néo-impressionnistes de la photographie.

Bien que la France ait été le centre de beaucoup de ces mouvements artistiques et certainement le lieu de passage des meilleurs artistes de l'époque, les premiers noms importants ont également commencé à émerger en Italie. L'une d'entre elles est celle de Gateano Previati (1852-1920), qui a observé le mouvement en affirmant, dans *Les Principes scientifiques du divisionnisme (la technique de la peinture)*, publié en 1906, que le phénomène du divisionnisme se manifeste par une addition de lumière à travers la division de couleurs complémentaires. En ce sens, à côté des théories du pointillisme, il y a aussi celles de l'autochrome. En effet, à la base des théories qui ont donné naissance au pointillisme, il y a la prise de conscience que pour faire ressortir les couleurs, il n'est pas nécessaire de les mélanger sur la palette, mais plutôt de les placer directement côte à côte sur la toile, puisque l'union des couleurs se produit par la perception visuelle, un effet qui est obtenu surtout par l'utilisation de couleurs complémentaires.

Voici les artistes qui ont le mieux appliqué le pointillisme :

- Aimé de Vincent Van Gogh, Georges-Pierre Seurat (1859-1891), ou plus simplement Georges Seurat, est un artiste unique par son engagement dans l'étude de la couleur, inspiré par la *loi du contraste simultané des couleurs* de Michel Eugène Chevreul. Le pointillisme est en effet né de son obsession pour l'utilisation des couleurs à appliquer sur la toile : pour éviter qu'elles ne se mélangent trop, il les mélange avec des coups de pinceau ressemblant à des points.

  Les protagonistes de ses tableaux sont souvent des sujets tristes représentés dans des décors festifs. Selon les critiques, l'objectif de Georges Seurat était probablement de critiquer les coutumes et les traditions de la Belle Époque. Pourtant, mon cher lecteur, vous ne le croirez pas, mais même un artiste aussi profond et dévoué à la science de la couleur que lui a vu ses œuvres rejetées au Salon officiel de Paris. C'est pourquoi, avec Paul Signac et d'autres collègues, il fonde la *Société des Artistes Indépendants*. Parmi ses œuvres majeures, on peut citer : *Un dimanche après-midi à l'Île de la Grande Jatte* (1884-1886), *Parade de cirque* (1888).

- Paul Signac (1863-1935) a grandi dans le quartier de Montmatre et l'on peut donc deviner d'où vient l'influence sur son parcours artistique, même s'il entreprend d'abord des études d'architecture, qu'il abandonne peu après lorsque, en admirant une exposition de Claude Monet, il se rend compte que sa voie est celle de la peinture. Paul Signac développe son propre style en s'inspirant de l'impressionnisme et en côtoyant son ami Georges Seurat, qui l'encourage à se consacrer au pointillisme. On raconte que, alors qu'il peignait sur les bords de la Seine, il rencontra Vincent Van Gogh, avec qui naquit une merveilleuse amitié, qui ne le quitta pas, même lorsqu'il fut transféré dans un hôpital psychiatrique. Les œuvres majeures de Paul Signac comprennent : *Le petit déjeuner* (1886-1887), *Au temps d'harmonie* (1893-1895), *Le port de Saint-Tropez* (1899).

- Giuseppe Pellizza da Volpedo (1868-1907) est né à Volpedo, en Alessandria, dans une famille de propriétaires terriens. C'est pourquoi il n'a eu aucune difficulté à se consacrer à l'étude de l'art dès son plus jeune âge. En effet, il a étudié dans des instituts prestigieux tels que *l'Académie de Brera*, où il a eu Francesco Hayez comme professeur, et dans d'autres villes italiennes importantes telles que Rome et Florence. Pourtant, aucun des endroits qu'il a fréquentés pour cultiver son talent n'a réussi à lui transmettre ce qu'il voulait apprendre, ce qui l'a rendu désireux de se mettre continuellement au défi d'acquérir de nouvelles connaissances.

Sa soif de connaissance l'emmène là-bas, en France, dans le cœur battant de l'art du XIXe siècle, là où les ferments du progrès et de l'innovation commencent à se faire sentir, avec l'organisation de l'Exposition universelle de 1889. Même le voyage à Paris n'est pas satisfaisant pour Giuseppe Pellizza da Volpedo et, en 1890, il retourne en Italie, où se produit enfin le tournant décisif : Il découvre le divisionnisme, une méthode artistique qu'il cultive et qui l'amène à exposer avec les artistes Giovanni Segantini (1858-1899), Emilio Longoni (1859-1932) et Angelo Morbelli (1853-1919) certaines de ses œuvres à la Triennale de Milan en 1891 et à la première Biennale de Venise en 1895 avec *Processione* (1893-1895) et *Ritratto della signora Sofia Abbiati* (1895) et en 1902 à la Quadriennale de Turin avec l'œuvre qui l'a rendu célèbre :

Il Quarto Stato (1898-1901). P Malheureusement, l'œuvre n'est pas immédiatement appréciée par le public, ce qui amène Giuseppe Pellizza da Volpedo à penser qu'il doit se concentrer sur la représentation de paysages. Il s'est pourtant trompé, car le tableau a été très bien accueilli lorsqu'il a été mentionné dans le journal *Avanti della Domenica* en 1905.

- Gaetano Previati (1852-1920) se situe aussi bien dans le courant post-impressionniste avec le divisionnisme que dans le symbolisme. Il a fréquenté l'école des beaux-arts de Ferrare et a poursuivi sa formation à Florence, puis à l'Académie de Brera. Saviez-vous que Gaetano Previati a également illustré une histoire du maître de l'horreur Edgar Allan Poe ?

Enfin, l'une de ses œuvres les plus célèbres, qui reflète sa technique mixte entre divisionnisme et symbolisme, est *Maternità* (1890), le tableau qui a décrété son succès et qui est devenu l'œuvre emblématique du divisionnisme.

Symbolisme

Le symbolisme est un mouvement artistique extrêmement complexe et merveilleux, l'un des mouvements post-impressionnistes qui englobe différentes formes d'art telles que la littérature, la musique, la poésie et, bien sûr, la couleur. Elle a toujours été présente dans l'art, avant même les mouvements artistiques recensés jusqu'ici et pendant leur apogée, mais n'est devenue officielle qu'en 1891, lorsqu'elle a été théorisée.

Contrairement à d'autres mouvements artistiques qui ont acquis leur propre définition par la critique, les symbolistes se sont attribué cette appellation et l'ont fait pour manifester leur tentative de casser le moule académique et de proposer un art différent, qui ne vise pas à offrir un message ou à vouloir enseigner quelque chose, mais qui vise simplement à partager l'œuvre d'art elle-même à travers la représentation de la dimension la plus psychologique, onirique et émotionnelle, même lorsque le sujet des œuvres d'art met à nu des ombres intérieures.

Le symbolisme est un mouvement artistique qui ne se limite pas à la scène artistique parisienne, mais qui parvient à conquérir de nombreuses autres villes. C'est un art que certains ont qualifié de magique et qui l'est peut-être un peu, car il va au-delà de ce que l'œil peut voir. Ce qui est représenté, c'est une véritable introspection, la dimension spirituelle, le monde des rêves, la sensation générée par ce que l'œil voit, les émotions qui habitent l'esprit et qui sont impossibles à voir de l'extérieur, presque comme si les peintures devenaient des instruments pour expliquer ce qu'il est impossible de communiquer avec des mots. Le symbolisme s'est ainsi rapproché de la psychanalyse et, lorsqu'il a commencé à s'imposer, il a été perçu comme une forme d'art adaptée aux personnes les plus sensibles, plus intéressées par la recherche de ce qui se cache derrière les étranges formes irrégulières et les couleurs nuancées qui caractérisent les œuvres d'art. Pour illustrer cela, il y a par exemple les dessins de l'écrivain William Blake, à qui l'on a demandé d'essayer de dessiner ce qu'il avait vu dans ses cauchemars, d'où est né *The Ghost of a Flea* (1810).

Les caractéristiques techniques attribuées au symbolisme peuvent être énumérées comme suit : idéalisme, synthèse, subjectivisme et représentation de thèmes dérivés de la nature. Les artistes les plus connus de ce mouvement artistique sont :

- Gustav Klimt (1862-1918) est un artiste viennois qui, aujourd'hui encore, fait rêver tous les amoureux de l'art par la vivacité des couleurs et des lignes de ses tableaux. Son style unique est souvent une source d'inspiration pour les graphismes publicitaires ou les images des marques les plus en vogue. Nous le connaissons pour le tableau *Le Baiser* (1907-1908), mais il y a beaucoup d'autres productions qui ont mis en évidence le courant symboliste de son point de vue.

  Les sujets qu'il dépeint, principalement des femmes, sont présentés dans des formes géométriques irrégulières ou parfois minuscules, sur des fonds richement colorés qui donnent l'impression d'entrer dans une dimension onirique. D'origine modeste et deuxième d'une famille de sept enfants, il s'engage avec ses frères et sœurs sur la voie de la peinture, mais seules ses œuvres connaissent un tel succès qu'elles sont considérées comme l'un des symboles de l'art moderne. En 1897, il fonde avec d'autres artistes la *Sécession viennoise*, un groupe qui veut s'efforcer de libérer l'art des schémas académiques. Lorsqu'il visite l'Italie, il est fasciné par l'art médiéval et les teintes dorées et criardes des mosaïques de Byzance, qui ont une influence incroyable sur sa peinture, peut-être parce que les couleurs dorées lui rappellent l'activité d'orfèvre de sa famille. Quelle que soit la raison de ce changement, une chose est sûre : Gustav Klimt commence à réaliser une partie de la production qui a fait son succès, avec des œuvres telles que *Judith et Holopherne* (1901), *Le Baiser* et *L'Arbre de vie* (1908-1911).

- Arnold Böcklin (1827-1901) était un artiste visionnaire, capable d'enrichir des œuvres d'art d'une atmosphère à la fois féerique, mythique et mystérieuse. Il suffit de regarder une de ses œuvres pour imaginer immédiatement une histoire, au-delà de l'observation des lignes, des couleurs et des formes des sujets représentés. Après une formation à l'Académie des beaux-arts de Düsseldorf, il se rend lui aussi à Paris pour y respirer l'atmosphère du progrès artistique, mais c'est en Italie qu'il trouve la véritable inspiration qui déterminera son style incomparable : il a le coup de foudre pour la mythologie classique. Ce qui l'a également séduit, ce sont les caractéristiques du territoire italien, qu'il a reproduites dans ses tableaux, en mettant en valeur la douceur du climat, la chaleur du soleil, la beauté de la campagne romaine et de tout ce qui l'entoure, y compris une partie des ruines antiques. *L'île des morts (1880-1886)* est un tableau qu'Arnold Böcklin a décliné en pas moins de cinq versions et autour duquel tourne un dilemme : y a-t-il un lieu précis qui l'a inspiré ? En Italie, en Croatie ou ailleurs ? D'autres œuvres de cet artiste sont : *Vénus anadyomène* (1872), *La Peste* (1898), *Diane endormie observée par deux faunes* (1877), *Euterpe* (1872).

- dvard Munch (1863-1944) était un artiste d'origine norvégienne. Ses œuvres, peut-être plus que beaucoup d'autres associées au symbolisme, parviennent à créer une sorte de catharsis chez l'observateur, évoquant des sentiments d'angoisse, de nostalgie et d'étouffement intérieur. Parmi ses œuvres les plus connues figure, comme vous le savez certainement, *Le Cri* (1893), sur lequel nous reviendrons tout à l'heure en raison de la curiosité que je veux révéler à propos de ce tableau. Toutes les productions d'Edvard Munch se caractérisent par l'utilisation de la couleur comme moyen de faire de l'émotion représentée le protagoniste, ainsi que par un aspect expérimental lié à la photographie et aux premiers balbutiements du cinéma. En ce qui concerne *Le Cri*, il existe deux curiosités principales : pendant de nombreuses années, on a cru qu'une petite phrase estampillée sur la même toile et discréditant la première version du tableau, considérée comme une œuvre que seul un fou aurait pu exécuter, avait été écrite par quelqu'un qui n'appréciait pas le style d'Edvard Munch, mais certains érudits ont découvert qu'il était lui-même l'auteur de ces mots. Pourquoi s'auto-saboter de la sorte ? La première est que la phrase a été écrite après avoir entendu l'avis d'un médecin qui, en voyant le tableau, pensait qu'Edvard Munch avait quelques problèmes. Edvard Munch a été offensé par ce jugement, mais a tenté d'être ironique en écrivant cette phrase. Prenez maintenant votre téléphone et regardez les émoticônes : celui qui représente la peur ne vous rappelle-t-il pas quelque chose ? Oui, il est en effet inspiré du Cri d'Edvard Munch. Une autre curiosité provient des raisons qui sous-tendent le tableau : le sujet ne crie pas parce qu'il a peur. Il s'agit d'un cri d'étonnement et d'angoisse face à ce dont la nature est capable, presque un désir de se mettre à l'abri de son action, capable de changer la couleur du ciel, de le rougir au coucher du soleil.

- Odilon Redon (1840-1916), de son nom d'origine Bertrand-Jean, est l'un des artistes les plus énigmatiques et les plus complexes du symbolisme. On dit qu'il a eu une enfance difficile en raison de problèmes de santé physiques et mentaux qui l'ont conduit à vivre comme un paria, et on lui a conseillé de mener une vie tranquille et sans effort. Mais s'il est vrai que de tout peut naître quelque chose de bon, grâce à ses troubles du comportement et à ce qu'il ne pouvait exprimer avec des mots, une autre façon de faire de l'art est née, qu'il a commencé à exprimer très tôt en passant son temps à jouer et à observer les paysages. Sa vie forcément tranquille l'a amené à développer une technique artistique inédite qui l'a fait entrer de plein droit dans l'histoire de l'art, dans les chapitres consacrés au symbolisme. Ses dessins, peintures, fusains et lithographies sont remplis d'énigmes et de sujets bizarres placés dans des endroits inhabituels. Un exemple peut être vu dans son tableau *Le Cyclope* (1914), où l'on remarque que l'œil est totalement décontextualisé et rend la figure très inhabituelle. Odilon Redon est également entré en contact avec certains écrivains de l'époque tels que Charles Baudelaire et Edgar Allan Poe, à qui il a dédié quelques dessins.

Dans les peintures d'Odilon Redon, on peut percevoir la dimension onirique, surnaturelle et spirituelle typique du Symbolisme et dans ces lignes nous pouvons énumérer : *Autoportrait* (1867), *L'araignée qui pleure* (1881), *L'araignée qui sourit* (1888), *L'œuf* (1885).

- Giovanni Segantini (1858-1899), après une enfance troublée passée dans une maison de correction, s'installe chez son frère Napoleone, qui possède un atelier de photographie où le jeune Segantini, tout en travaillant comme homme à tout faire, commence à découvrir son intérêt pour la peinture, ce qui l'amène à choisir d'étudier à l'Académie des beaux-arts de Brera. Sa formation artistique a reçu diverses influences, dont le divisionnisme et l'idée de rompre avec les dictats académiques de l'art pour se consacrer à la représentation d'œuvres plus réelles et naturelles, notamment des paysages et des représentations de la maternité. Après avoir reçu plusieurs prix, sa renommée s'est étendue à l'étranger, notamment en France et en Angleterre. Le succès devient alors l'occasion d'embrasser les tendances de l'avant-garde artistique. Parmi ses œuvres majeures, citons : *Vanità* (1897), *L'Angelo della vita* (1894), *Alla Stanga* (1885), *Le due madri* (1889), *Ave Maria a trasbordo* (1886).

MOUVEMENTS ARTISTIQUES DE LA PREMIÈRE MOITIÉ DU 20E SIÈCLE

Expressionnisme

L'expressionnisme s'est largement imposé au début du XXe siècle, historiquement en 1905, surtout en Allemagne, et est un mouvement ainsi défini pour souligner l'opposition à l'impressionnisme et au naturalisme et pour faire référence au concept de déformation. Il s'agit d'un mouvement artistique qui était déjà présent dans les années précédentes et qui a déjà commencé à émerger avec les artistes que nous avons rencontrés dans le chapitre précédent. Van Gogh, Paul Gaugain et Edvard Munch sont quelques-uns des peintres qui ont également mis leur art au service de l'expressionnisme.

Le terme expressionnisme désigne ce que l'on a appelé l'art du laid car, contrairement aux mouvements artistiques précédents, il s'agit d'un type d'art qui, dans le sillage du symbolisme, tend à façonner des dessins, des peintures et tout autre type d'art figuratif à partir du monde intérieur, en utilisant également des lignes et des couleurs particulièrement fortes.

Les expressionnistes vont à l'encontre de l'harmonie traditionnelle et placent l'équilibre des formes à l'arrière-plan pour souligner le concept de déformation et "donner libre cours au cri intérieur".

Ce mouvement, comme le symbolisme, s'est répandu dans différentes parties du monde, prenant des significations différentes. En Allemagne, ce mouvement artistique exprime surtout le climat sombre et morose de la guerre, à tel point qu'avec l'avènement du national-socialisme, la plupart des œuvres expressionnistes sont détruites.

Les critiques allemands ont d'abord parlé d'expressionnisme pour désigner les tendances artistiques à l'exagération dans l'utilisation des couleurs et des formes inhabituelles qui dénotent la subjectivité des artistes. L'année 1918 a notamment vu la naissance du *Novembergruppe* en Allemagne, un groupe d'artistes qui s'est engagé à donner une voix aux pensées et aux besoins privés et professionnels de la population.

Comme mentionné quelques lignes plus haut, l'expressionnisme s'est ramifié en divers micro-mouvements artistiques unis par une liberté artistique dépourvue de schémas classiques, qui ont pris des noms différents selon les domaines où ils ont été mis en œuvre.

Fauvisme

Le fauvisme est le premier micro-mouvement d'avant-garde expressionniste qui s'est développé en France à partir de 1905. Les artistes appartenant à ce mouvement ont été qualifiés de fauves, c'est-à-dire de bêtes, lorsqu'ils ont exposé leurs œuvres au *Salon d'automne* à Paris. L'appellation fauves n'a pas été proposée par ce que nous appellerions aujourd'hui une revue ou un article de journal, mais verbalement, lorsque le critique d'art Louis Vauxcelles, voyant une statue entourée de peintures fauves, a déclaré que ce qu'il voyait ressemblait à une cage aux fauves, un Donatello parmi les bêtes.

Les fauves privilégient les couleurs fortes. Travaillant sur la juxtaposition des couleurs primaires, c'est-à-dire le rouge, le bleu et le jaune, les sujets sont représentés de manière apparemment spontanée : un visage, un espace, un objet n'ont plus de contours nets, mais donnent l'impression de flotter dans la couleur entre des lignes et des formes simples, presque élémentaires.

Le génie de ce courant artistique réside dans le fait que, malgré des lignes et des formes inhabituelles, les sujets représentés dans les tableaux communiquent une vérité qui leur est propre. Aujourd'hui encore, si nous nous arrêtons pour regarder un tableau fauve, nous nous rendons compte que, d'une part, l'excès de couleurs et la simplicité captent notre attention, mais que, d'autre part, ils stimulent une interprétation détachée de la réalité. Cet effet est accentué par l'utilisation désinvolte de couleurs qui présentent les objets de la réalité sous un nouvel aspect : les arbres rouges et le ciel jaune, par exemple.

Les principaux artistes liés à ce mouvement artistique sont les suivants :

1. Henri Matisse (1869-1954) : un de ses tableaux serait reconnaissable entre mille pour les tons bleus et rouges, pour les lignes qui s'apparentent presque à de la peinture élémentaire, presque à des esquisses.

   Pour la manière dont il a su stimuler et cultiver son talent et pour la capacité communicative et joyeuse de la simplicité de ses œuvres, Henri Matisse est considéré comme le chef de file des Fauves. Selon certains spécialistes de l'art, il est venu à la peinture tardivement, mais simplement parce que, comme d'autres peintres, il a poursuivi une autre carrière, à savoir des études de droit pour des ambitions familiales. Il étudie le droit à Paris et, une fois ses études terminées, commence à travailler comme fonctionnaire, mais, en 1890, après une crise d'appendicite, il trouve sa véritable étincelle, sa vocation : la peinture. Il s'inscrit dans une académie privée spécialisée dans la peinture et la sculpture, où il suit les cours de professeurs naturalistes et réalistes. Plus tard, il est favorablement influencé par le style de Paul Cézanne, Paul Gauguin et Vincent Van Gogh, mais c'est un autre peintre qui détermine l'avenir de l'ambitieux Henri

Matisse : Pablo Picasso. Bien que concurrents, les deux devinrent de grands amis, se comparant et s'influençant mutuellement. D'ailleurs, Pablo Picasso aurait pu faire partie des Fauves, mais ce ne fut pas le cas car son style, du moins dans les premières années, était jugé trop idéaliste. Henri Matisse s'inscrit dans le mouvement avec le tableau *Le bonheur de vivre* (1905-1906), mais son véritable succès vient avec *La Danse* (1909) et *La Musique* (1910), deux tableaux commandés par un marchand russe. Son tableau *La Danse* est devenu si célèbre qu'en 1930, il reçoit la commande d'une deuxième version, intitulée *La Danse II*, pour un client américain. Plus tard, pour des raisons de santé, il a été contraint de se déplacer à l'aide d'un fauteuil roulant, mais cela ne l'a pas démoralisé et, au contraire, il a pu répondre à sa créativité en réalisant des collages, principalement liés au monde du cirque.

2. André Derain (1880-1954) est un autre grand peintre, également sculpteur, qui n'a découvert son véritable talent qu'après avoir emprunté une voie différente, non pas celle des études de droit, comme je vous l'ai dit tant de fois jusqu'à présent, mais celle de l'ingénierie. Grâce à Maurice de Vlaminck, avec qui il ouvre un atelier à Chatou, et à Henri Matisse, avec qui il met sur la toile les paysages marins de Collioure, il trouve le courage de se consacrer pleinement à la peinture. Son nom n'est pas le premier qui vient à l'esprit lorsqu'on parle de fauvisme, mais ses peintures méritent également l'attention, d'une part pour la manière dont il utilise les couleurs et d'autre part pour la façon dont il parvient à faire ressortir la lumière.

    André Derain est considéré comme l'un des artistes qui ont ouvert la voie à la naissance d'un mouvement artistique ultérieur : le cubisme. En fait, il n'aspirait pas à faire partie d'une étiquette artistique définie, mais voulait la dépasser pour expérimenter de nouvelles manières de faire de l'art, une intention qu'il a mise en pratique en imitant Paul Cézanne et en partant de l'exemple de l'harmonie compositionnelle et des formes primitives de Paul Gauguin. À partir de 1906, il se consacre à la sculpture afin d'approfondir son intérêt pour l'art primitif en expérimentant l'utilisation de techniques telles que le grès et la sculpture sur bois. Parmi ses œuvres majeures, on peut citer : *Portrait d'Henri Matisse* (1905), *Le pont de Waterloo* (1906), *Le Port de Pêche* (1905), *Bateaux dans le port de Collioure* (1905), *Les baigneuses* (1905), la sculpture *Nu debout* (1907).

3. Pierre-Albert Marquet (1875-1947) est un artiste qui doit beaucoup à son amitié avec Henri Matisse, faite d'influences réciproques et d'expérimentations artistiques. Les spécialistes considèrent que la première peinture de Pierre-Albert Marquet s'inscrit plutôt dans la lignée de l'impressionnisme, bien qu'il se rapproche du fauvisme lorsqu'il participe au Salon d'Automne avec ses toiles en 1905. Contrairement aux autres représentants du fauvisme, cet artiste travaillait avec des couleurs moins vives et une prédominance de gris. Un voyage à Naples, où la mer est devenue sa source d'inspiration, a eu un grand effet sur la suite de sa carrière artistique. Parmi ses œuvres majeures, citons : *La Cafetière* (1903), *La plage de Fécamp* (1906), *Le chevalet* (1943).

Die Brücke

Die Brücke, c'est-à-dire le pont, est une branche de l'expressionnisme apparue en Allemagne. Contrairement au fauvisme, les couleurs ne sont pas vives, mais tendent à représenter le malaise intérieur et la tristesse. Cela ne doit pas faire penser que cette caractéristique rend ce mouvement artistique moins estimable car il est l'un des plus riches et des plus beaux de l'histoire de l'art et c'est aussi celui qui représente le plus l'expressionnisme.

Savez-vous pourquoi ce mouvement artistique, né à Dresde le 7 juin 1907, s'est appelé "Le Pont" ? Il y a deux réponses : la première concerne le livre "*Ainsi parlait Zarathoustra*" de Friedrich Nietzsche et la seconde nécessite une explication plus longue. Les artistes fondateurs du mouvement Die Brücke, composé d'un groupe d'étudiants en art qui se réunissaient chaque jour dans un ancien salon de coiffure pour échanger des idées, voulaient créer un pont entre les gens, un passage entre l'ancien et le moderne, et exprimer un sentiment d'impatience face à la vie urbaine, qu'ils percevaient comme agressive, notamment à cause de l'air sombre qu'ils respiraient en raison de l'arrivée de la Première Guerre mondiale. Ces artistes, qui aspiraient à une vie plus simple, ont défini leur style en s'inspirant de l'art primitif africain et océanien. La technique picturale qui en résulte présente les caractéristiques suivantes : une simplicité brute, avec des lignes délibérément déformées et des figures anguleuses, des couleurs étalées et denses et une exagération dans la représentation de certains éléments des tableaux. La tentative de communiquer un sentiment d'angoisse intérieure à travers des formes et des lignes déformées a parfois fait apparaître les peintures comme des caricatures ; en outre, les représentants de ce mouvement artistique ont souvent utilisé des gravures sur bois et ont créé une collaboration avec certaines publications pour diffuser des tirages de leurs dessins et partager leurs points de vue avec un public plus large.

Parmi les artistes qui ont fondé *Die Brücke*, on peut citer :

- Ernst Ludwig Kirchner (1880-1938) : peintre, sculpteur et graveur, il aborde sa veine artistique dès son plus jeune âge et canalise son intérêt pour l'art sur plusieurs fronts, en suivant des cours d'architecture et de peinture au début du XXe siècle, période durant laquelle il est fasciné par les traits picturaux d'Edvard Munch, de Paul Gauguin et de Vincent Van Gogh, qui retiennent son attention pour leur capacité à utiliser la couleur de manière non conventionnelle et à travailler en fonction de la subjectivité. À la suite de cette orientation, il a commencé à investir son énergie dans la création d'œuvres d'art destinées à être utilisées comme moyen d'expression des émotions et de l'état psychologique, et a décidé de créer *Die Brücke*. Parmi ses œuvres majeures, citons : *Fille sous un parapluie japonais* (1909), *Autoportrait en soldat* (1915), *Cinq femmes dans la rue* (1913).

- Eric Heckel (1883-1970) peut se raconter en tant qu'artiste à partir du lycée qu'il a fréquenté, le lycée classique de Chemnitz, car c'est là qu'il a rencontré Karl Schmidt-Rottluf. Tous deux ignoraient qu'ils deviendraient deux des plus grands représentants de l'expressionnisme allemand. Après avoir obtenu son diplôme en 1904, Eric Heckel entreprend des études d'architecture à l'université de Dresde, où le destin le met en contact avec un autre symbole de l'expressionnisme allemand : Ernst Ludwig Kirchner. Peut-être pour se consacrer à plein temps à la peinture, Eric Heckel n'a pas terminé ses études d'architecture, mais a préféré investir ses ressources dans la production de tableaux, dont la plupart ont pour sujet des paysages. Il y a une très belle curiosité chez lui : lorsqu'il passait son temps en plein air pour s'inspirer de la nature, il ne faisait pas de croquis à compléter plus tard dans un atelier, mais mémorisait tout mentalement ! Nous ne savons pas si chacune de ses peintures est le fruit d'une grande mémoire, mais parmi les plus connues, nous pouvons citer : *Baigneurs dans les roseaux* (1909), la gravure sur bois réalisée en 1912 connue sous le nom de *Stralsund*, *Marzella* (1909-1910), *Portrait* (1915).

- Karl Schmidt-Rottluff (1884-1976) n'était pas seulement peintre, mais aussi graveur. Ses œuvres d'art se caractérisent par une simplicité expressive des formes, juxtaposée à des couleurs plus vives. Parmi ses œuvres majeures, citons : *Maisons de nuit* (1912), *Portrait d'Emy* (1919), *Soleil sur forêt de pins* (1913).

Der Blaue Reiter

Der Blaue Reinter, ou le Cavalier bleu, est un autre fragment de l'expressionnisme, appelé ainsi parce qu'il représente la liberté et la spiritualité et a été inspiré par une œuvre de Vassily Kandinsky lui-même, qui a fondé ce groupe avec Franz Marc à Munich en 1911. Ce courant artistique est éphémère et prend fin en 1914. Ce fut une période courte mais intense car le groupe d'artistes qui la représentait, à travers des expositions organisées entre Munich et Berlin, commença à se faire connaître du public à travers des œuvres qui témoignaient de la plus grande liberté d'expression. Le message qu'ils voulaient faire passer était que l'art devait être à l'opposé de la représentation de la réalité et qu'il fallait se concentrer sur des images abstraites pour laisser place aux émotions ; en ce sens, ces artistes mettaient l'accent sur la relation spirituelle avec la nature, que l'artiste ne devait pas représenter en reproduisant fidèlement ce qu'il observait, mais plutôt en jouant avec les couleurs, à travers des lignes simples et des lumières qui ne visaient pas un message précis, mais l'expérimentation de la part des artistes. Contrairement aux autres branches de l'expressionnisme, l'art du Chevalier bleu se caractérise par la prédominance du bleu et une plus grande appréciation des autres formes d'art, en particulier de la musique.

Les principaux représentants de ce courant artistique sont notamment :

- Vassily Kandinsky (1866-1944) est doublement important dans ce contexte car, en plus d'avoir contribué à la naissance du Chevalier bleu, c'est avec lui qu'émerge le concept de peinture abstraite. Saviez-vous que Vassily Kandinsky a découvert sa passion pour l'art lors d'un voyage en Italie ? Il était à Venise et a été bouleversé par la magie des lumières nocturnes se reflétant sur l'eau.
  Avant de créer *Der Blaue Reiter*, il a également fondé deux associations : l'une appelée *Phalanx* et l'autre *Neue Künstlervereinigung München*, la nouvelle association d'artistes de Munich. Cet artiste est connu pour ses peintures inspirées d'instruments de musique, qu'il a créées pour renforcer le monde intérieur des émotions, donnant au spectateur l'impression d'un lien entre les instruments de musique et diverses nuances émotionnelles. Kandinsky est également l'auteur de plusieurs ouvrages sur la théorie picturale, tels que *Concerning the Spiritual in Art* publié en 1912 et *Point et Ligne sur plan* publié en 1926, volumes dans lesquels il exprime ses opinions sur l'art et sur la combinaison de l'art et de la musique. Parmi ses œuvres majeures, citons : *Le cavalier bleu* (1903), *Paysage bavarois avec une église* (1908), *Composition X* (1939).

- Franz Marc (1880-1916) : ses peintures sont parmi les plus caractéristiques de *Der Blaue Reiter* parce qu'elles ont pour sujet des animaux et qu'elles ont toutes leur propre symbolisme. La raison de ce choix artistique réside dans la volonté de fuir les hommes impitoyables qui peuplent le monde et de louer les animaux parce qu'ils sont dotés d'une âme innocente et pure. De cette manière, et peut-être aussi en raison de sa formation théologique, Franz Marc a créé une forme d'art spirituel, parmi les chiens, les cerfs, les vaches et les chevaux, à travers une codification symbolique des couleurs pures typiques des expressionnistes : le bleu indique la masculinité, le jaune la féminité et le rouge la force. Selon les experts, les tableaux de Franz Marc doivent être observés sous l'angle de l'énergie, en considérant les animaux représentés dans les tableaux comme un symbole de la fugacité des choses, afin de comprendre que tout être en contact avec la nature est étreint par la seule chose permanente qui existe, à savoir l'énergie, qui véhicule le flux des choses. Les animaux qui représentent le plus Franz Marc sont les chevaux bleus, notamment ceux représentés dans le tableau *La Tour des chevaux bleus* (1913).
- August Macke (1887-1914) : c'est en 1907, à Paris, qu'il aborde l'art à partir du mouvement impressionniste. Plus tard, en Allemagne, il continue à s'exercer en imitant le style post-impressionniste et en s'approchant du fauvisme. Après avoir rencontré Franz Marc et Vasilij Kandinsky, il rejoint *Der Blaue Reiter*, mais son destin artistique se projette davantage vers le cubisme, puis le futurisme, lorsqu'il rencontre Robert Delaunay (1885-1941) à Paris en 1912. Cependant, il ne s'intéressait pas seulement à l'art au sens de la peinture, mais aussi au théâtre et à la production

de décors. D'un point de vue purement pictural, ses œuvres se distinguent de celles de ses confrères par une propension à représenter le contexte quotidien. Parmi ses œuvres majeures, citons *Dame à la veste verte* (1913).

- Un livre d'art n'est pas un livre d'art s'il ne parle pas de lui, car Paul Klee (1879-1940) est l'un des artistes les plus appréciés du XXe siècle. On dit généralement que le talent saute une génération, mais dans le cas de Paul Klee, l'art est une affaire de famille puisque ses parents étaient professeurs de chant et de musique, ce qui l'a mis très tôt en contact avec l'art, et surtout la musique, au point qu'il est devenu violoniste et plus encore !

Il étudie à l'Académie des beaux-arts de Munich, rencontre Vincent Van Gogh et Paul Cézanne et, plus tard, certains des représentants de *Der Blaue Reiter*, mais aussi Pablo Picasso et Georges Braque. Tout en suivant la philosophie du groupe du Chevalier Bleu, son art se distingue par des créations satiriques et extravagantes.

Avant de découvrir quelques-unes de ses œuvres, voici une curiosité sur Paul Klee : saviez-vous que lorsqu'il était dans l'armée allemande pendant la Première Guerre mondiale, il a peint des ailes d'avion ? Il a également écrit des livres sur la théorie de l'art pour exprimer ses opinions, notamment l'essai *La pensée créatrice* publié en 1918. Voyons maintenant quelles sont les œuvres d'art pour lesquelles il est principalement connu : *Angelus Novus* (1920), *Ballon rouge* (1922), *Paysage avec des oiseaux jaunes* (1923).

Cubisme

Le cubisme est né en 1906, selon les sources historiques, peut-être en 1907 si l'on considère les *Damoiselles d'Avignon* de Pablo Picasso, bien que le terme ait commencé à se répandre largement entre 1910 et 1911. C'est un mouvement artistique qui marque la véritable révolution dans le domaine des arts figuratifs, un peu comme si les mouvements précédents avaient chacun à leur manière offert une tentative de renversement de l'art et que le cubisme l'avait mis en pratique. Avant d'aller plus loin dans la définition du cubisme, il faut dire, comme on peut aussi le deviner d'après la date de placement historique, que certains mouvements ont parfois été plus ou moins parallèles, raison pour laquelle on peut aussi parler de tendances et de contaminations plutôt que de mouvements à proprement parler.

Le cubisme est une avancée significative qui brise véritablement les règles traditionnelles de l'art et c'est le mouvement artistique qui nous a fait l'honneur d'apprécier un génie incontesté : Pablo Picasso. Mais voyons maintenant, dans l'ordre, quels sont les facteurs qui ont conduit les spécialistes de l'art à considérer le cubisme comme important :

1. Le premier facteur est certainement l'utilisation de la perspective, qui n'est plus centrée sur un seul point de vue, mais devient variée. Les sujets représentés sur les tableaux sont morcelés et représentés avec des points de vue différents, déformant ainsi la notion d'espace-temps ; ce changement de concept crée une véritable rupture avec l'art

du passé. Le cubisme inaugure une phase caractérisée par une nouvelle dimension de l'espace, qui est perturbé par des objets qui ne sont pas simplement reproduits, mais qui sont imprimés et dessinés au gré de l'instinct, des émotions et de l'imagination de l'artiste. En effet, c'est peut-être une utilisation plus large de la perspective, comme l'indiquent tous les contenus consacrés au monde de l'art, qui est la marque du cubisme. Cette caractéristique a été interprétée comme la possibilité, longtemps recherchée par les artistes, de représenter la vérité dans sa totalité et pas seulement une partie. Je vous donne un exemple : imaginez qu'un peintre vous demande de poser pour l'un de ses tableaux et de vous mettre de profil ; dans ce cas, il y aura une reproduction parfaite d'une partie de votre visage sur la toile, mais pas de l'ensemble ;

2. Le critique d'art Jacques Rivière a déclaré que, contrairement aux courants artistiques qui privilégiaient l'utilisation de la lumière et de certaines couleurs autant que possible, le mode de représentation du cubisme, caractérisé par la monochromie, était beaucoup plus véridique et plus proche de la réalité ;

3. Les couleurs les plus utilisées dans le cubisme, en particulier dans le cubisme analytique, sont l'ocre et le gris, considérées comme appropriées pour souligner les volumes ;

4. Le détachement du réalisme est un autre facteur distinctif du cubisme ; en particulier, les cubistes voulaient dépasser le concept de mimesis classique et naturaliste dans les peintures ;

5. Les cubistes se sont inspirés du style de l'art primitif ;

6. Le cubisme présente un art infantile et instinctif, c'est-à-dire une production presque impulsive, apparemment

élémentaire, qui, paradoxalement, se perd avec la maturité et devient difficilement reproductible ;

7. Le cubisme se divise en plusieurs périodes : le cubisme primitif, le cubisme analytique et le cubisme synthétique, que j'explique en détail dans la section suivante ;

8. Alors que les mouvements artistiques précédents mettaient l'accent sur l'importance de la couleur et de la lumière, le cubisme joue avec les formes, qui deviennent ouvertes et, comme mentionné au point 1, offrent différentes perspectives ;

9. Le cubisme a permis la reconnaissance officielle de l'abstractionnisme, qui consiste en l'utilisation de signes comme forme d'art ; en ce sens, pour les cubistes, le sujet représenté est mis au second plan afin de mettre en valeur la technique picturale adoptée ;

10. Bien que le cubisme se soit diversifié dans de nombreuses directions, comme je vous le dirai dans une section dédiée, il existe des thèmes communs, à savoir : les portraits, presque toujours en buste et en demi-longueur, les paysages, tant urbains que naturels, les natures mortes et les figures géométriques.

Lorsque j'ai commencé à faire des recherches sur le cubisme, je me suis demandé pourquoi on l'appelait ainsi. Tout d'abord, le terme fait référence aux artistes qui ont exposé leurs œuvres dans la *salle 41 du Salon des Indépendants*. Alors pourquoi l'appeler cubisme ? N'aurait-il pas pu s'appeler perspectivisme ?

Le critique d'art français Louis Vauxcelles a popularisé le terme en parlant des bizarreries cubistes après avoir vu dans les paysages que Georges Braque avait peints en 1908 dans *L'Estaque* une émulation de Paul Cézanne. Mais ce n'est pas pour cette raison que l'on parle de cubisme. Aucun critique n'a choisi ce nom pour porter un jugement sur une série de peintures qui suivent toutes plus ou moins la même tendance, et aucun artiste adhérant à ce courant artistique n'a décidé d'utiliser ce nom pour se distinguer des autres. Elle semble avoir été spontanée, grâce à Henri Matisse qui, un an avant que Louise Vauxcelles ne fasse connaître le terme de cubisme, était un peu incertain devant un tableau de George Braque, auquel Pablo Picasso aurait également collaboré, à savoir un paysage dans les tons verts et jaunes où prédominait la présence géométrique des formes cubiques. Là encore, comme si les premiers jugements négatifs portaient chance, personne n'aurait pu imaginer le grand succès que connaîtraient les cubistes. Il faut dire que Louise Vauxcelles appréciait le style, peut-être parce qu'elle avait auparavant critiqué les Fauves !

Les phases du cubisme

Le cubisme a connu plusieurs moments, chacun caractérisé par une manière différente de construire ou de reproduire des formes basées sur la réalité visuelle, parfois surclassée par l'imaginaire.

- Il existe une phase du cubisme inspirée par Paul Cézanne et appelée proto-cubisme ou cubisme formatif. Dans le paragraphe qui lui est consacré, j'ai également mentionné que Paul Cézanne est considéré comme un précurseur du cubisme et, en effet, sa technique de peinture est considérée comme le point de départ de ce mouvement artistique, car il s'est concentré sur une interprétation géométrique de la réalité et de la nature entre sphères, cônes et cylindres ; en outre, Paul Cézanne a été l'un des premiers à dépasser les règles de la perspective unique.
  Pablo Picasso et Georges Braque ont nourri une forte admiration pour Paul Cézanne, car ils étaient fascinés par

la base géométrique présente dans certains tableaux, en particulier les natures mortes, et ont décidé de l'imiter.

Considérant des aspects du style de Paul Cézanne, Pablo Picasso se teste avec *Les demoiselles d'Avignon* et Georges Braque avec *La Mandore* (1910). Si je me réfère à ce que j'ai lu dans un manuel d'histoire de l'art moderne, le style de Paul Cézanne a représenté une sorte de voie autodidacte pour eux deux, car c'est grâce à ses peintures qu'ils ont appris à observer et à considérer différemment la relation entre l'espace et les objets dans un dessin, sans pour autant négliger le pouvoir de communication et les émotions.

La phase de Paul Cézanne est associée au cubisme analytique (1909-1911). Il commence à l'expérimenter lorsqu'il décide de rompre avec le style impressionniste et de travailler sur la lumière. Cette phase du cubisme est dite analytique car elle analyse, décompose et reformule la réalité entre couleurs et nouvelles géométries.

- Le cubisme synthétique (1911-1921) introduit l'expérimentation de la bidimensionnalité de l'espace et travaille davantage sur la juxtaposition de la réalité, mais ne doit pas être confondu avec une reproduction fidèle de la réalité, comme c'était le cas pour certains mouvements artistiques antérieurs. Cette phase se distingue de la phase analytique par l'introduction d'objets sur le tableau dans un style apparemment désordonné qui les fait apparaître comme des morceaux pris ici et là et collés au hasard. Outre Pablo Picasso, par exemple avec *Nature morte à la chaise cannée* (1912), et Georges Braque, un artiste qui a expérimenté le cubisme synthétique est Juan Gris (1887-1927), qui a travaillé sur une sorte de séparation entre la forme et la couleur

- Le cubisme scientifique consiste en une réalisation stylistique qui fait abstraction de la réalité pour laisser place à l'intuition, en produisant une structure qui n'est pas dérivée de ce que l'on voit normalement, mais de ce que l'artiste voit en lui-même.

- Nous avons vu qu'avec le cubisme, on dépasse la perspective unique, on peint de différents points de vue et on se concentre sur la géométrie et l'expérience intérieure de l'artiste pour aller vers l'abstractionnisme, mais, attention, il y a aussi une tendance dans le cubisme qui se concentre sur la représentation visuelle et non sur l'imagination. Il s'agit du cubisme physique. Le cubisme physique se réfère à la décomposition des formes de la réalité visuelle pour créer de nouvelles structures sur la toile. Le cubiste qui s'est le plus consacré à ce style est Henri Le Fauconnier (1881-1946).

- Le cubisme orphique (1912-1920) commence toujours par la construction de nouvelles structures à partir de la réalité visuelle, mais c'est l'imagination de l'artiste qui prévaut, qui s'attarde également sur l'esthétisme pur. Pablo Picasso a également expérimenté ce style, en travaillant principalement avec la lumière. Fernand Léger (1881-1955), Francis Picabia (1879-1953) et Marcel Duchamp (1887-1968) se sont également intéressés à cette phase du cubisme.

- Le cubisme instinctif, comme le terme l'indique également, fait entièrement appel à l'imagination pour la construction de nouvelles structures.

Les autres concepts clés du cubisme sont les suivants :

1. La fragmentation de l'espace, qui consiste à subdiviser l'espace en formes géométriques ouvertes, appelées lambeaux d'espace ;
2. Le cloissonnisme, qui consiste à délimiter les bords ;
3. L'éclatement des objets représentés ;
4. Le fragmentisme, typique du cubisme analytique, qui consiste à ne peindre qu'un fragment de ce qui se trouve sur la toile. Ce concept correspond au discours de la perspective que nous avons vu dans les dix facteurs distinctifs du cubisme. En plus de ce que je vous ai déjà dit, la caractéristique du fragmentisme est que la synchronisation des différents angles varie, tout comme la position de l'artiste peignant chaque côté.

Pablo Picasso et Georges Braque : au-delà du cubisme

De nombreux artistes ont participé au cubisme, c'est pourquoi nous n'en rencontrons que quelques-uns ici, mais ils ont eu des vies tellement intéressantes que l'on oublie les autres qui ne sont pas ici : nous parlons donc ici de Pablo Picasso et de Georges Braque.

Vous savez quelle est la première curiosité à propos de ces deux génies de l'art ? Qu'ils n'ont jamais participé à aucune exposition cubiste pour éviter d'être associés à une étiquette spécifique.

- Pablo Picasso (1881-1973) est celui que l'on peut définir comme le grand visionnaire pour la contribution qu'il a apportée à la construction du symbolisme de l'art moderne et même contemporain si l'on considère qu'aujourd'hui encore ses peintures, ou plutôt des imitations de celles-ci, sont exposées dans des lieux et font souvent partie du décor, de ceux qui aiment le genre bien sûr. Certes, la signature de son pinceau est reconnaissable entre mille, prenez Guernica, par exemple. Par où commencer pour vous parler de lui ? Je commencerai par vous dire qu'il n'aimait pas beaucoup être interviewé et qu'il donnait rarement des interviews parce qu'il préférait littéralement communiquer par l'art. Célèbre est sa phrase, souvent incluse dans les textes de motivation, vantant le fait qu'il ne deviendrait pas simplement un bon peintre, mais qu'il deviendrait Pablo Picasso. Il avait raison. C'était vraiment Pablo Picasso et il était bien plus qu'un peintre, car il était aussi très doué pour la sculpture et aimait d'autres formes d'art comme le ballet, le théâtre et le cinéma. Originaire de Malaga, en Espagne, il est déjà né dans l'art, son père étant professeur de dessin. En 1900, il s'installe à Paris avec un ami proche et c'est au cours de ses premières années dans la capitale française qu'il commence à expérimenter l'art, en commençant par des peintures représentant la vie nocturne. L'année suivante, à la suite d'une déception amoureuse, son ami se suicide et cet événement affecte sa manière de faire de l'art, que l'on définit comme la période bleue pour la distinguer de la période rose qui viendra plus tard. La période bleue, qui s'étend de 1901 à 1904, est ainsi définie parce que, en partie par besoin de représenter le drame et le découragement qu'il ressentait pour son ami et en partie pour contraster les choix de couleurs de l'impressionnisme, Pablo Picasso a favorisé les nuances de bleu dans ses peintures. Deux des plus connus sont l'*Autoportrait* (1901-1902) et *L'homme à la guitare* (1903-1904), qui mérite un examen plus approfondi : dans ce tableau de Picasso, on a trouvé le contour d'une tête, ainsi que d'autres formes visibles à l'aide d'instruments à rayons X spécifiques.

L'hypothèse avancée par les chercheurs qui ont travaillé sur ce sujet est que, peut-être, Pablo Picasso a superposé plusieurs images pour éviter de gaspiller des toiles. *La Chambre bleue* (1901) est un autre tableau de Picasso qui recèle un mystère similaire. Après des recherches minutieuses à l'aide d'instruments appropriés et en plaçant l'œuvre dans une position différente, on a trouvé la trace d'un dessin d'un homme barbu à l'expression douteuse, ainsi que des détails de bijoux et d'accessoires. Selon les experts, l'homme figurant sur le portrait pourrait être le marchand Ambrose Vollard, qui a offert à Pablo Picasso l'opportunité d'organiser sa première exposition.

La période rose commence en 1904. C'est une phase où Pablo Picasso remplace le bleu par le rose, presque comme un signe de renaissance, et où il se plaît à dépeindre des scènes de cirque pour représenter le côté le plus vrai et parfois le plus pathétique de la réalité.

Au fil du temps, en raison de son désir d'apprendre et d'expérimenter, Pablo Picasso passait souvent et avec succès d'un style à l'autre, créant de temps à autre des périodes différentes et embrassant plus d'un mouvement artistique. S'il se rapproche également du fauvisme, sa période africaine commence en 1906. Fasciné par l'art africain, il s'en inspire pour peindre *Les demoiselles d'Avignon* (1907) et poursuivre ses recherches sur des formes d'expression reflétant une réalité misérable et dégradante ; il commence alors à réaliser des dessins où les corps et les visages sont déformés par des arêtes.

Pendant la phase cubiste, il expérimente avec Georges Braques l'utilisation de nouveaux matériaux dans le but de mettre l'accent sur la communicabilité des œuvres d'art. En fait, alors que le premier s'est essayé à mélanger la couleur avec du sable ou de la craie pour augmenter le volume de la peinture, Pablo Picasso est allé plus loin et a commencé à utiliser du fusain, des morceaux de papier, des feuilles de carton et de journal et même des clous ou des morceaux de bois sur l'œuvre d'art pour souligner l'abstractionnisme. *Nature morte à la chaise cannée* (1912) en est un exemple. La phase néoclassique de Pablo Picasso commence en 1921, lorsqu'il redécouvre un intérêt pour la représentation de la figure humaine à l'occasion d'un voyage en Italie. Enfin, en 1925, ses œuvres amorcent ce que les livres d'histoire de l'art appellent la phase surréaliste.

Avant de vous parler de George Braques, quelques autres lignes méritent d'être consacrées à Pablo Picasso : parlons de *Guernica* (1937), l'une de ses œuvres les plus célèbres et les plus significatives.

Guernica est un tableau à thème social qui fait référence à la barbarie humaine qui s'est produite en Espagne pendant la guerre civile de 1936, lorsque les républicains luttaient contre les fidèles du général Franco. La violence est telle que, dans le tableau exposé à l'Exposition universelle de Paris en 1937, Pablo Picasso raconte le massacre de civils qui a eu lieu dans le bourg de Guernica, ville basque bombardée par les Allemands et les Italiens. Bouleversé par ce qui s'est passé, Pablo Picasso crée, à travers les formes angulaires et abstraites du cubisme, une huile sur toile dont les images deviennent des métaphores de toute la douleur qu'il a ressentie lors de l'événement et de son opposition au fascisme. Sur ce point, il existe également une anecdote très célèbre : lorsqu'un garde fasciste lui a demandé qui avait créé cette peinture, Pablo Picasso a répondu : c'est vous !

- Georges Braque, (1882-1963) : c'est Pablo Picasso qui lui a transmis son intérêt pour l'art africain et, comme son ami et collègue, il avait expérimenté la création de collages. De sa vie privée, nous savons qu'il a grandi au Havre, en Normandie, où il a étudié dans une école d'art du soir avant de s'installer à Paris, où il a poursuivi sa formation artistique, entamé quelques collaborations pour acquérir de l'expérience et où il s'est également familiarisé avec le fauvisme. Lorsqu'il découvre le style de Paul Cézanne et rencontre également Pablo Picasso, il entame son parcours vers le cubisme, qu'il interrompt lorsqu'il est appelé à combattre pendant la Première Guerre mondiale. Cet événement, à son retour du front en raison d'une blessure, l'incite à retourner en Normandie et à peindre des paysages et des figures humaines, sans abandonner complètement sa tendance cubiste, à tel point que les critiques et les experts en art ont qualifié sa technique de représentation humaine de cubisme curviligne.

Ses œuvres sont souvent considérées comme complexes, à tel point que seule la connaissance du titre relatif permet d'obtenir une interprétation de ce qui est représenté ; en outre, il a l'habitude de recréer plus d'une variante du même sujet.

Parmi ses œuvres majeures, citons *Le port de La Ciotat* (1907), *Route près de l'Estaque* (1906), *Petit Port en Normandie* (1909), *L'Homme à la guitare* (1914), *Compotier et Cartes* (1913), *La Patience* (1942).

Futurisme

On peut commencer à parler du futurisme en pensant à un certain nombre de mots clés, par exemple mouvement, dynamisme, vitesse, énergie vitale, rébellion, irrationalité, combinaison de l'art et de la vie, art à la portée de tous et pas seulement exposé dans les musées, désir de changer le monde, passion pour le son du mouvement mécanique.

Pour parler du futurisme, on peut aussi partir d'une anecdote qui m'a frappé. Il s'agit de Filippo Tommaso Marinetti, poète et écrivain, fondateur du futurisme. J'ai lu que cet élan propulsif et énergique qui, au fil des ans, l'a conduit à l'idée de fonder ce mouvement artistique d'avant-garde a commencé lorsque, enfant, son père l'a jeté à l'eau pour qu'il apprenne à nager. Ensuite, bien sûr, le temps a dû faire son œuvre et il a dû travailler et étudier dur pour avoir la capacité de définir point par point le manifeste du futurisme. En effet, selon les principes dont je vais vous parler dans un instant, le 20 février 1909, Marinetti fait publier dans *Le Figaro* les onze points présentant son mouvement artistique d'avant-garde ; en fait, il y a eu plus d'un Manifeste du Futurisme selon les différents domaines. En Italie, par exemple, le Manifeste n'a été publié qu'en 1911.

Les points énumérés dans le Manifeste du futurisme n'étaient pas définis par un instinct ou une idée née d'un goût personnel, mais avaient une base plus profonde inspirée par les points de vue de Friedrich Nietzsche, Henri Bergson, Émile Zola et Gabriele D'Annunzio, pour n'en citer que quelques-uns, alors que le futurisme s'étendait largement à de nombreux autres domaines tels que la littérature, la musique et le cinéma.

En lisant Le Figaro, on aurait pu penser que ce courant artistique était également né en France, mais non : le manifeste a été publié à Paris parce que les futuristes considéraient cette ville comme l'apothéose de la modernité, mais le futurisme est cent pour cent italien et est né à Milan, où il y a même eu un restaurant inspiré par la philosophie de ce mouvement. Pensez que les futuristes ont même proposé une nouvelle conception de la cuisine et suggéré de servir les hors-d'œuvre dans des pelures d'orange vides avec de la charcuterie à l'intérieur.

Le futurisme part du cubisme, dont il s'inspire et qu'il tente de dépasser pour donner naissance au concept de mouvement, de dynamisme et d'abstraction. Le futurisme commence par une force motrice qui fait tout pour rompre avec le passé et regarder vers l'avenir, vers le nouveau. Considérons également que nous sommes au milieu du 20e siècle et que des innovations telles que le téléphone, les automobiles et le concept de la chaîne de montage sont introduites. C'est une période où l'esprit de changement se fait sentir, bien plus que dans les mouvements artistiques que nous avons connus jusqu'à présent.

Pour vous donner une idée de la force et de la provocation de l'appel du futurisme, ceux qui se sentaient ses messagers affirmaient faire partie d'un groupe dont les plus âgés avaient une trentaine d'années, raison pour laquelle ils acceptaient d'être surclassés et "jetés" par des gens plus jeunes et meilleurs qu'eux, s'ils se présentaient.

Les futuristes se sont surtout intéressés aux changements de la modernisation, aux émeutes ouvrières, aux chantiers remplis de lumière électrique, mais aussi à l'introduction d'outils inédits tels que les voitures de course, les avions et tout ce qui permettait une transition rapide vers la société moderne.

En ce sens, revenons un instant au cubisme : souvenez-vous quand nous avons vu que tout reposait sur l'éradication de la perspective et la représentation des sujets à partir de différents points de vue ? Les futuristes se concentrent sur la frénésie de la vie moderne, qui entre dans les tableaux par un travail stylistique sur le volume et l'intersection des plans. Ils ont même voulu changer le nom des couleurs, par exemple en appelant le jaune *giallissimo* (très jaune) et le bleu *bluissimo* (très bleu), une intention qui s'est exprimée dans la mode par des vêtements aux couleurs vives ; en effet, ils étaient tellement immergés dans leur idéologie que certains d'entre eux sont allés à Paris pour acheter des accessoires vestimentaires plus éclatants.

D'ailleurs, bien qu'il s'agisse d'un livre principalement axé sur les arts figuratifs, une petite parenthèse sur ce qui se passait en littérature s'impose, car c'est à ce moment-là que commencent les expériences sur la sonorité des mots. Avec ce thème, nous revenons à Filippo Tommaso Marinetti parce qu'il a conçu le concept de mots en liberté, produisant des textes avec des mots improvisés ou imprimés avec différents caractères graphiques, faisant en sorte que les mots : *Zang, Tumb, Tumb* deviennent symboliques. Ces textes n'étaient pas une fin en soi, mais étaient exploités lors de pièces à thème futuriste, devenant partie intégrante des représentations, qui, cependant, étaient presque toujours détestées par le public. J'oserais écrire que les futuristes ont été les précurseurs du *flashmob* tel que nous le connaissons aujourd'hui car, utilisant des mots en liberté, les futuristes s'organisaient pour créer des performances impromptues dans des lieux publics afin de promouvoir leur mouvement artistique : par exemple, l'un d'entre eux, en marchant, criait un mot et les autres, apparemment occupés à autre chose, lui répondaient.

Le futurisme a également connu deux phases, avant et après la Première Guerre mondiale et, en fait, certains d'entre eux, par exemple Umberto Boccioni, sont même allés combattre au front, mais ils l'ont fait avec enthousiasme parce que, et c'est un point sensible qui n'a rien d'admirable, les futuristes étaient favorables à la guerre.

Voyons maintenant comment les futuristes se sont fait entendre en suivant ce parcours artistique, dont certains se retrouvent photographiés ensemble devant le siège du journal Le Figaro en 1912 :

- Umberto Boccioni (1882-1916) publie le Manifeste technique de la sculpture futuriste. Peintre et sculpteur, considéré comme l'un des artistes les plus importants du XXe siècle, c'est avec lui que le futurisme a mis en évidence un autre concept : dans la peinture, il n'y a plus seulement un sujet à observer. Dans les tableaux, il y a tout, même le spectateur.
  Il a axé son travail d'artiste avant tout sur le dynamisme plastique. Sa clairvoyance artistique est due au fait que, enfant, il a beaucoup voyagé en Italie entre différentes villes comme Catane, Padoue, Gênes et Forlì, en raison du travail de son père à la préfecture ; à cause de cette errance constante, il s'est inscrit dans différentes écoles, y compris à Rome, et c'est là qu'il a découvert sa passion pour l'art.
  La carrière artistique d'Umberto Boccioni n'a pas commencé immédiatement par les couleurs, les formes, la lumière ou le dynamisme typique du futurisme, mais plutôt par l'écriture. En effet, à l'âge de dix-huit ans, il a publié le roman *Pene dell'anima*. À Rome, il fait deux rencontres importantes : Gino Severini, qui deviendra l'un de ses plus grands amis, et Giacomo Balla, qui sera son professeur de divisionnisme et d'utilisation de la lumière. Il ne reste pas

longtemps à Rome car il décide d'étudier l'impressionnisme en personne et part donc en 1906 pour Paris où il reste quelques mois, avant de retourner en Italie et de commencer un stage à l'*Accademia di Belle Arti* à Venise. En 1909, il se tourne vers le futurisme après avoir lu le Manifeste de Filippo Tommaso Marinetti. Il ressent si fortement la vision futuriste qu'il en épouse tous les points, allant même jusqu'à soutenir l'entrée en guerre de l'Italie, en s'engageant lui-même en 1915. En 1914, il écrit *Pittura e Scultura futuriste* (Peinture et sculpture futuristes), un texte dans lequel il expose les principaux concepts du futurisme artistique. Parmi ses œuvres majeures, citons la sculpture *Forme uniche della continuità nello spazio* (1913), dont l'image figure sur les 20 centimes italiens, *Automobile Rossa* (1904-1905), *La signora Virginia* (1905), *Visioni simultanee* (1911), *Stati d'animo, serie I. Gli addii* (1911), *Materia* (1912), *Élasticità* (1912), *Sviluppo di una bottiglia nello spazio* (1913), *Dinamismo di un cavallo in corsa + case* (1914-1915).

- Giacomo Balla (1871-1958) est considéré, avec Umberto Boccioni, comme le principal symbole du futurisme pour son implication dans la sculpture, le design, le cinéma avec les décors de scène et pour ses toiles pleines de mouvement et de dynamisme, qui soulignent le concept que j'ai proposé précédemment, à savoir que tout devient partie intégrante de la toile et que le sujet initial qui a inspiré la peinture tend à disparaître. C'est ce que montre par exemple l'œuvre *Fillette courant sur un balcon*. On se souvient du *Manifeste de la reconstruction futuriste de l'univers*, qui vise à diffuser l'esthétique du futurisme dans tous les domaines, y compris celui du mobilier. Giacomo Balla a abordé l'art à partir de la photographie, une passion qui lui a été transmise par son père et qui l'a incité à étudier le pointillisme. Comme Umberto Boccioni, il s'est approché de l'impressionnisme et s'est également intéressé au pointillisme, car il a su envelopper son talent de différentes tendances artistiques, dont la présence sera perceptible surtout dans ses premières œuvres, principalement consacrées à des thèmes sociaux et à la marginalisation. Quant à l'art futuriste, il se tourne vers l'abstractionnisme pour représenter la vitesse, le son et la lumière. D'ailleurs, pendant un certain temps, il a signé ses œuvres avec *Futurballa* et était tellement fasciné par le futurisme qu'il a appelé ses filles *Luce Elettrica* (Lumière électrique) et *Dinamo Elica* (Dynamo à hélice) ! Outre les œuvres déjà mentionnées, on peut citer *Lampada ad arco, La famiglia Carelli* (1901-1902), *Le mani del violinista* (1912), *Velocità d'automobile* (1912).

- Carlo Carrà (1881-1966) : commençons à parler de lui par un conseil qu'il donnait aux jeunes peintres, à savoir l'importance d'une peinture proche de la réalité poétique, proche du monde intérieur, pas trop figurative dans le sens d'une répétition sur la toile de ce que les yeux captent avant de peindre, mais une peinture plutôt alimentée par le travail mental et l'imagination. Outre le futurisme, il a également embrassé le courant métaphysique, dont je vous parlerai dans les pages suivantes. Très jeune, il commence à voyager entre Milan, Paris et Londres, où il se familiarise avec l'impressionnisme et des artistes comme John Constable et William Turner. En tant que partisan du futurisme, il a souvent publié dans le magazine d'art *Lacerba*. Parmi ses œuvres majeures, on peut citer : *La camera incantata, Madre e figlio, Il Cavaliere occidentale, Ritmi di oggetti* (1911).

- Gino Severini (1883-1966) est un adepte du cubisme et du futurisme, mouvement qu'il adopte grâce à Umberto Boccioni et Giacomo Balla, qu'il rencontre en 1901. À partir de 1906, Paris est la ville qui a changé sa vie, car c'est là qu'il passe le plus clair de son temps dans l'atmosphère d'avant-garde du monde littéraire et pictural, au contact de Pablo Picasso et de Georges Braque. Dans un premier temps, il concentre sa technique en s'inspirant de George Seurat pour les paysages, puis s'oriente vers l'étude du mouvement et la création de tableaux mêlant cubisme et futurisme. Contrairement à ses collègues futuristes, Gino Severini s'intéresse à un autre type d'art et se désintéresse des machines, préférant l'étude des harmonies géométriques et du mouvement humain, qu'il exprime dans des tableaux tels que *La ballerina blu* (1912). Il écrit également un texte dans lequel il explique sa conception de l'art et qui s'intitule *Du cubisme au classicisme* (1921). Outre celles mentionnées ci-dessus, ses œuvres majeures comprennent : *Printemps à Montmartre* (1909), *La danse du pan pan au Monico* (1911), *Paysage urbain en lumière artificielle* (1913), *Simboli del lavoro* (1949-1950), *Le Nord Sud* (1913) une peinture inspirée par le métro parisien.
- Luigi Russolo (1885-1947), musicien, inventeur et peintre, entre futurisme et métaphysique, invente la machine à bruit, un appareil qui permet d'enregistrer les sons de la ville le matin. Sur son compte, les sources nous apprennent qu'il a signé en 1913 le manifeste *L'arte dei rumori* (L'art des bruits), un texte qui met l'accent sur le bruit comme moyen de réaliser une musique faite uniquement de bruits sans sons. En ce qui concerne sa carrière de peintre, il a notamment peint *Dynamisme d'une automobile* (1913).

Métaphysique

L'art métaphysique n'est pas un mouvement artistique de l'avant-garde du début du XXe siècle, mais une tendance née en Italie, à Ferrare, principalement sous l'impulsion de Giorgio de Chirico, au début du XXe siècle et visant à exprimer un regard critique sur l'art ; en outre, il ne peut être défini comme un mouvement artistique, notamment parce que Giorgio de Chirico a d'abord travaillé seul dans les premières années de son étude de ce genre pictural et que ce n'est qu'à partir de 1916 qu'il a commencé à devenir un modèle pour un certain nombre d'artistes italiens qui ont tenté de l'imiter.

Ce nom, tiré des arguments du philosophe Aristote, a été proposé par Giorgio de Chirico, surtout pour définir sa phase personnelle de recherche artistique, même si, en réalité, d'autres sources font savoir que le nom de peinture métaphysique a été utilisé pour la première fois par Guillaume Apollinaire lorsqu'il a vu le style de Giorgio de Chirico en 1913, ou que c'est même Carlo Carrà qui en a parlé pour la première fois.

Cette tendance se manifeste à partir de 1912 au *Salon d'Automne* à Paris, lorsque Giorgio de Chirico présente quelques-unes de ses peintures.

En 1919, *Noi metafisici*, le manifeste de la métaphysique, est publié, mais c'est en 1921 que naissent les valeurs plastiques, un courant artistique qui veut revenir aux caractéristiques des XIVe et XVe siècles.

Pour se rendre compte de la valeur de la peinture métaphysique, il faut tenir compte du fait qu'à cette époque fleurissent les avant-gardes culturelles, que l'on voit émerger des artistes capables de suivre des lignes artistiques différentes, que les futuristes font entendre leur voix et que, rapidement, le monde commence à changer et à entrer dans la frénésie qui est encore celle de notre époque. Prenez note : nous sommes en 2023, nous avons vu tant de changements, nous vivons l'ère numérique, entre connexion Internet, réseaux sociaux et une vie hyperconnectée où le langage de la communication a basculé vers les images et les vidéos et le tout dans une frénésie constante. Il n'y a évidemment aucune comparaison possible avec le bouillonnement artistique et culturel du début du 20e siècle, mais mon exemple peut vous aider à imaginer l'air que l'on respirait à cette époque, qui ressemble à certains égards au nôtre. Revenant au thème de l'art métaphysique, Giorgio de Chirico présente en 1912 les tableaux de la série *Piazze d'Italia*, réalisée deux ans plus tôt, dont *Enigma di un pomeriggio d'autunno* (1910), inspirée de la Piazza Santa Croce à Florence, est peut-être l'œuvre la plus célèbre. Bien qu'il s'agisse d'une tendance, la métaphysique picturale n'en est pas moins importante, car elle a ouvert la voie à la naissance d'un autre mouvement artistique d'avant-garde : le surréalisme.

L'objectif de cette forme d'art est de faire prendre conscience qu'au-delà des objets apparemment ordinaires vus sur la toile, il y a en fait autre chose, de faire réfléchir l'observateur : les apparences sont trompeuses car rien n'est comme il semble. Ainsi, le but de la Métaphysique picturale est de transformer l'art en un instrument de réflexion, une invitation à ne pas s'arrêter à la surface des choses. Il faut également tenir compte du fait que ce type de peinture apparaît à un moment très délicat sur le plan international : la Première Guerre mondiale, théâtre d'horreurs et de ténèbres sociales qui font s'écrouler le château de sable de la certitude d'être en sécurité et font comprendre combien l'homme doit se confronter à la réalité et s'en remettre d'abord à lui-même.

En observant les tableaux de la Peinture Métaphysique, on a l'impression d'entrer dans un univers magique, comme si les choses étaient suspendues par un sortilège, qui sert au spectateur à aller au-delà de ce que la réalité semble être. Les formes de la peinture métaphysique sont particulières, apparaissant presque comme un défi au spectateur, car elles ne semblent proposer que des figures statiques, dans une dimension où le temps semble s'arrêter, pour réfléchir, comme nous l'avons déjà mentionné, à ce qui se trouve au-delà. Tout cela génère un sentiment de mystère, de non-dit, de quelque chose à découvrir.

Les experts en art ont identifié la solitude comme le principal pivot de la peinture métaphysique, avec une utilisation déformée de la perspective et la présence d'ombres, de statues de dos et de personnages mythologiques. En outre, ce qui frappe le plus, c'est la relation entre l'espace et le temps, qui semblent suspendus.

Pour bien comprendre la peinture métaphysique, il faut poursuivre ce discours en parlant de Giorgio de Chirico (1888-1978). Né à Volos, en Grèce, il commence ses études à Athènes et les poursuit à l'Académie des beaux-arts de Florence et de Munich, avant de s'installer à Milan, puis à Paris, où il rejoint son frère Andrea, connu sous le pseudonyme d'Alberto Savinio. Nous sommes en 1911 et Paris est en pleine effervescence avant-gardiste, tout artiste de passage dans cette ville ne peut manquer d'être absorbé par l'expérimentation artistique définie par tous les mouvements et tendances qui émergent et il en sera ainsi pour Giorgio de Chirico, qui se liera d'amitié avec Pablo Picasso. Certains manuels d'art comparent le style des deux, en affirmant que le premier peint une réalité froide, qui n'est pas ce qu'elle semble être, car, bien qu'il s'agisse d'une reproduction, elle tend à révéler quelque chose d'autre que ce que l'on voit immédiatement, quelque chose de plus éloigné ; à l'inverse, le second décompose la réalité et la met en ordre sur la toile.

L'énergie de Paris a également touché Giorgio de Chirico, qui considérait la capitale française comme le lieu idéal pour exposer, comme nous l'avons mentionné plus haut, *Enigma di un pomeriggio d'autunno*, un tableau sur lequel nous devons nous attarder. Le titre (Enigme d'un après-midi d'automne) suggère déjà une évocation particulière, car ce tableau serait né d'une vision de l'artiste qui, en observant la place, aurait éprouvé un sentiment d'étonnement, comme s'il ne l'avait jamais vue auparavant, et c'est dans cet étonnement qu'il aurait imaginé le tableau, qui est très évocateur et où l'on peut voir l'influence de la patrie de De Chirico grâce à la présence d'éléments typiques du temple grec tels que les rideaux et aussi une statue, entre autres, sans tête. Le tableau s'inspire de la Piazza Santa Croce à Florence, modifiée par la substitution de certains éléments : la statue sans tête sur son dos remplace celle de Dante Alighieri et l'être sans tête représente la connaissance limitée de l'homme. En général, le style de Giorgio de Chirico a une aura de magie, il y a une lumière qui apparaît presque hors contexte parce qu'elle colore les objets de la scène d'une manière irréelle avec une perspective presque jamais linéaire et tout cela crée un sens du mystère, également inspiré par la philosophie de Friedrich Nietzsche dans *Ainsi parlait Zarathoustra*. La création de cette atmosphère énigmatique génère un sentiment de suspension qui permet à l'observateur de s'attarder sur la réalité et de découvrir quel secret elle cache, ce qu'elle veut nous dire. Il en résulte un sentiment de malaise, de non-sens, d'absurdité et d'aliénation. D'autres tableaux qui suivent cette philosophie interprétative sont *Ettore e Andromaca* (1917) et *Le Muse inquietanti* (1917-1919).

En outre, *Enigma di un pomeriggio d'autunno* fait partie de la série de peintures sur les places italiennes que Giorgio De Chirico a réalisées en s'inspirant du style d'Arnold Böcklin, en particulier de L'*île des morts*, qu'il a admiré lors de son séjour à Munich.

Les influences culturelles de la patrie de Giorgio de Chirico se retrouvent également dans ses œuvres. Pensons par exemple à *Ettore e Andromaca* (Hector et Andromaque), dont nous savons qu'il évoque ce mythe parce que c'est le titre qui nous le suggère, puisque, à travers une vision superficielle, les protagonistes de la scène sont deux mannequins sans visage, sans yeux, sans bouche et sans bras, facteurs qui communiquent le sens de l'angoisse impuissante dans laquelle l'homme déverse son âme face aux mystères et aux énigmes de la réalité. Selon les experts en art, mythologie et philosophie, Giorgio De Chirico est parti de la mythologie pour mettre en évidence certains concepts qui, dans le cas d'Hector et d'Andromaque, concernent le sentiment de fierté et la défense de la réputation, souvent présents dans la culture homérique.

En effet, nous savons tous qu'Hector considère son honneur comme la chose la plus importante, et c'est pourquoi De Chirico le transforme en une marionnette manipulée par la volonté d'un tiers et non par ses véritables intentions et sentiments. Il rappelle également le concept d'angoisse et d'impuissance d'un point de vue philosophique et psychologique. Un autre tableau inoubliable de De Chirico est *Canto d'Amore* (1914), qui sera l'étincelle qui illuminera l'avenir artistique du surréaliste René Magritte.

Carlo Carrà est le premier artiste à suivre le courant métaphysique de Giorgio de Chirico. En effet, à partir de 1917, il abandonne le futurisme et se rapproche de cette nouvelle manière de faire de l'art, qui le rapproche de la recherche de l'ordre et de la simplicité pour rappeler le style des maîtres du passé comme Giotto ; en outre, contrairement à Giorgio de Chirico, Carlo Carrà préfère peindre des scènes dans des espaces clos comme des petites boîtes. *La musa metafisica* (1917) en est un exemple.

Giorgio de Chirico et Carlo Carrà sont rejoints par son frère Alberto, Giorgio Morandi et Filippo de Pisis. Ensemble, ils fondent l'école de métaphysique.

Quoi qu'il en soit, malgré l'amitié et l'association artistique entre Giorgio de Chirico et Carlo Carrà, il y eut une sorte de dispute entre les deux qui conduisit au déplacement des intérêts du groupe pour la peinture métaphysique vers le surréalisme, un sujet dont je vous parlerai dans le chapitre suivant. Comme je sais que vous aimez découvrir les coulisses des artistes, je vais vous raconter ce qui s'est passé : nous sommes en 1919 et Giorgio de Chirico publie l'article *Ritorno al mestiere* dans le magazine "Valori plastici" pour suggérer un renouveau de la peinture basé sur la technique traditionnelle de la figuration. Il semble que, l'année suivante, quelque chose ait créé une divergence d'opinion entre lui et Carlo Carrà. Il faut ici faire un flash-back et revenir aux débuts de la peinture métaphysique, lorsque les deux hommes se rencontrent lors d'un séjour à l'hôpital militaire de Ferrare pendant la guerre, découvrant qu'ils sont collègues et qu'ils ont un intérêt commun pour la représentation de ce qui est au-delà de la réalité. Après les premières années de camaraderie artistique et de vision picturale commune, les deux hommes ont commencé à marcher sur deux voies différentes, l'arrière-plan futuriste de Carlo Carrà, marqué par le dynamisme et le devenir, s'opposant à la vision statique de Giorgio de Chirico, suspendue dans une dimension sans espace ni temps. En effet, un exemple de divergence d'opinion est déjà visible dans le tableau *L'idolo ermafrodito* de 1917, dans lequel nous voyons comment le mannequin représenté dans un espace trop étroit pour lui a une sorte de mouvement rebelle et, bien qu'ils soient fermés, a une paire d'yeux, a un visage avec un nez et une bouche, une main est tournée vers le plafond comme pour illustrer un réveil.

Je ne sais pas si c'est cette divergence d'opinion qui a conduit au déclin de la peinture métaphysique, mais le fait est que ce courant artistique a servi d'inspiration à la naissance d'un autre mouvement artistique intéressant : le surréalisme.

Par ailleurs, vers 1940, Giorgio de Chirico décide de revenir à une technique figurative classique, en se consacrant à des autoportraits en costume, à des scènes de la mythologie et à des contextes dérivés du baroque.

Surréalisme

Le surréalisme est un autre mouvement artistique d'avant-garde, en fait le dernier, qui a succédé au dadaïsme et qui a également vu le jour à Paris dans les années 1920, en 1924 pour être précis, en se concentrant sur l'inconscient, le monde psychique et onirique basé sur les théories de la psychanalyse de Sigmund Freud. Ce mouvement artistique rejette tout ce qui est rationnel et voit dans l'exaltation de la folie la réponse à la redécouverte de l'authenticité de l'art, qui a perdu son côté imaginatif à la poursuite du concret de la vie contemporaine.

Si Sigmund Freud a partagé ses théories et ses découvertes sur l'inconscient, les artistes de l'époque se sont inspirés de cette dimension de la psyché pour raconter le monde des rêves de leur propre point de vue.

Ce mouvement s'épanouit dans la sphère littéraire avec le poète et écrivain André Breton, qui fonde le magazine *Révolution surréaliste* et publie en 1924 la première version du Manifeste du surréalisme, qui affirme que l'on ne peut atteindre une dimension supérieure à la réalité qu'en réunissant sur un même plan la dimension où l'on est éveillé et celle où l'on est rêveur. Dans cette première version, André Breton s'intéresse notamment à l'enfance, période où notre psychisme est capable de percevoir l'authenticité des choses, contrairement aux adultes qui perdent leur imagination, accablés par les responsabilités du monde moderne. L'art surréaliste nous redonne le pouvoir de l'imagination.

Tout le monde n'était pas partisan du surréalisme, car, selon certains, il était impossible de créer une peinture surréaliste. C'est donc à partir de ce doute que je commence à vous parler des caractéristiques de cette phase de l'histoire de l'art. En 1925, dans la quatrième publication de son journal Révolution surréaliste, André Breton expose son opinion selon laquelle la peinture, comme l'écriture, est un tremplin pour plonger dans la mer de l'inconscient, inaccessible à la conscience, et comprendre la psyché, en allant au-delà de la surface de ce que l'œil voit et, ce faisant, l'écriture et la peinture trouvent leur propre authenticité. En résumé, le but de la peinture surréaliste est de représenter une réalité irrationnelle dérivée du monde des rêves afin de connaître la psyché humaine, représentant ainsi une sorte de rejet de la réalité telle que nous la connaissons, brouillant presque la frontière entre ce qui est imaginaire et ce qui est réel ; ainsi, une définition qui pourrait correspondre au surréalisme est un mouvement artistique du monde intérieur, du subconscient.

La peinture peut y parvenir au même titre que l'écriture et le surréalisme met d'ailleurs ces deux formes d'art sur un pied d'égalité, si l'on considère que les adeptes de ce mouvement artistique se sont également penchés sur des expériences telles que l'écriture automatique, la métalogie des images et le concept de métamorphose.

Les peintures de ce mouvement artistique sont uniques. Si nous avons été surpris de découvrir celles du cubisme, du futurisme et de la métaphysique, celles du surréalisme nous laisseront sans voix, y compris les sculptures.

Dans les œuvres d'art surréalistes, nous sommes enchantés par des objets inanimés qui semblent prendre vie, des objets parfois déformés, nous voyons des corps d'où jaillissent des éléments mécaniques, des objets placés dans des contextes inhabituels et de manière illogique, comme s'ils répondaient à ce qui a été vu dans un rêve. C'est cette sorte d'univers magique qui met le spectateur en condition de s'arrêter un instant et de contempler, de comprendre quels mécanismes, quels raisonnements ont suggéré ce qui a été dessiné sur la scène proposée sur les toiles. La beauté de ces œuvres réside dans le fait que c'est l'imagination qui règne, qui par excellence n'a pas de limites et offre la possibilité de créer des univers fantastiques où tout est possible, parce que des forces entrent en jeu que nous ne pouvons pas contrôler.

Avec le surréalisme, nous en savons un peu plus sur la vie et le style des artistes qui ont adhéré à ce mouvement :

- Max Ernst (1891-1976), de son vrai nom Maximilien, d'origine allemande et naturalisé français, premier peintre sur la liste des surréalistes et inventeur des techniques du grattage et du frottage, en découvrant quelque chose de lui, nous respirons la ferveur artistique de Paris, la ville qu'il a visitée pour la première fois en 1913. Dans les années qui précèdent sa vie dans la capitale française, à partir de 1909, il entreprend des études de philosophie et de psychologie à l'université de Bonn, qu'il remplace par une carrière artistique, qu'il décide de suivre à partir de 1912, lorsqu'à Cologne, sa ville natale, il a l'occasion d'admirer les œuvres de Paul Cézanne et de Pablo Picasso présentées à l'exposition du *Sonderbund*. L'élan stylistique suscité par les chefs-d'œuvre des deux maîtres de la peinture est tel que Max Ernst décide de se rendre à Paris et commence à se consacrer à ses propres productions. Même la Première Guerre mondiale, à laquelle il a participé, n'a pas réussi à freiner sa ferveur artistique, à tel point qu'il a toujours trouvé le moyen de peindre. Après la guerre, il poursuit ses recherches artistiques et est fasciné par l'art métaphysique de Giorgio de Chirico. C'est dans ces années qu'il se rapproche également du mouvement dadaïste. Il ne faut pas non plus oublier le développement du frottage, une technique de peinture qu'il expérimente après un voyage en Orient et qui consiste à colorer une feuille de papier sur une surface rugueuse et à tracer les lignes au crayon. Max Ernst a été un artiste très prolifique. Il aborde lui aussi la technique du collage et du photomontage, qu'il met en pratique en 1920 avec les *Figures ambiguës*, œuvre dans laquelle il propose des formes mécaniques qui se substituent au corps humain. En 1929, il produit le livre *La femme 100 têtes*. C'est à travers ces deux techniques qu'il délivre son message surréaliste en proposant une double version des objets. On raconte qu'il a modifié la page d'un livre de chimie et de biologie, en sélectionnant les points sur lesquels il avait peint et en ajoutant des éléments extérieurs, et qu'il a modifié les illustrations d'instruments de laboratoire. On peut également rappeler l'une des images de la collection de collages *Fantagagas*, où il a transformé l'anatomie d'un insecte en un bateau à vapeur sur la mer.

Tout ce qu'il a appris au cours de ses études de philosophie et de psychologie se retrouve dans ses œuvres, où domine un style qualifié d'excentrique, inspiré du romantisme allemand, de Böcklin et même du gothique, une ligne qui caractérisera la majorité de ses productions qui représentent une sorte de réalisme magique. Un autre de ses tableaux célèbres est *Oedipus Rex* (1922).

- Joan Miró (1893-1983), originaire de Barcelone, est connu pour ses qualités de peintre, de sculpteur et de céramiste. Sa vie n'a pas été facile. Il a grandi dans la pauvreté et a subi les conséquences de la guerre civile espagnole, qui l'a éloigné de son pays pendant un certain temps. Pourtant, la souffrance n'a pas entamé sa bonne âme car il a toujours pris le parti des plus fragiles. Sa biographie diffère de celle des artistes qui se sont trouvés à la croisée des chemins entre les ambitions professionnelles de leur famille et les leurs. Fils d'orfèvre et d'horloger, bien que passionné par le dessin dès son plus jeune âge, il choisit, sur proposition de son père, de faire des études d'économie sans aucune contrainte, tout en continuant à s'adonner au dessin comme passe-temps et en prenant des cours particuliers. Ce n'est qu'après une dépression nerveuse qu'il décide de se consacrer à l'art à plein temps, en s'inscrivant à l'Académie Galí de Barcelone, où il étudie de 1912 à 1915. À partir de là, le parcours de Joan Miró suit celui des autres artistes qui, une fois à Paris, entrent en contact avec des personnalités qui influencent leur style, parmi lesquelles Pablo Picasso et les dadaïstes. Après une période passée en Espagne, il revient à Paris lorsque la guerre civile espagnole éclate en 1936, mais lorsque la ville française est assiégée par les nazis, il retourne dans son pays d'origine. Son style surréaliste était l'un des plus emblématiques du surréalisme, ce que même André Breton a affirmé. En effet, à travers ses œuvres, il a suivi l'opposition à la peinture traditionnelle pleine de canons prédéfinis dans le but de la détruire et de la remplacer par des œuvres d'art différentes avec un arrière-plan onirique et par l'utilisation de couleurs fortes. Ce n'est qu'après la chute du régime franquiste qu'il a obtenu une reconnaissance publique bien méritée en Espagne également, à tel point qu'à la fin des années 1970, il a reçu plus d'une récompense, y compris des médailles et des diplômes honorifiques. Ses œuvres majeures, qui sont nombreuses, comprennent : *Le Carnaval d'Arlequin* (1924), *Homme et femme devant un tas d'excréments* (1936), Les peintures murales du *Soleil et de la Lune*, l'affiche de la Coupe du monde 1982, la sculpture *Dona i ocell* ou Femme et oiseau (1983), *La Naissance du monde* (1925).

- René Magritte (1898-1967), de son nom complet René François Guislain Magritte, belge d'origine, auteur d'environ huit cents œuvres, voire mille selon certaines sources, est connu pour ses œuvres absolument uniques, reconnaissables entre mille : des figures humaines dont le visage est recouvert d'un drap ou d'un objet, ou encore de dos. Décrit comme une personnalité tantôt obscure et énigmatique, tantôt désinvolte, il a été surnommé le saboteur tranquille, car il a su, à travers ses œuvres, poser des questions sur la réalité en la décontextualisant et en représentant son côté mystérieux, faisant des objets catapultés dans des contextes irréels, chargés d'illusion, les protagonistes de la toile. Son objectif est de s'interroger sur le mystère du monde. Il étudie à l'Académie des Beaux-Arts de Bruxelles, fait ses premières expériences professionnelles en tant que graphiste, s'intéresse au cubisme et au futurisme et s'oriente vers le surréalisme après avoir été frappé par le tableau *Canto d'amore* de Giorgio de Chirico. C'est ainsi qu'il commence avec sa première œuvre, *Le Jockey perdu* (1925), après quoi il décide de passer quelques années à Paris avant de retourner en Belgique, où il fait de son appartement bruxellois le quartier général du surréalisme belge. Parmi ses œuvres majeures, citons *Les Amants* (1928), *Le Fils de l'homme* (1964), *Golconde* (1953).
- Salvador Dali (1904-1989), de son nom complet Salvador Domingo Felipe Jacinto Dali i Domènech, est connu pour sa moustache et ses montres. Son talent est associé à la magie artistique, qui pénètre le monde intérieur. On lit

souvent qu'un artiste est un génie, mais Salvador Dali s'est donné cette appellation tout seul, et ce n'était pas présomptueux, car un génie, il l'était, et il l'a prouvé dès qu'on a eu la chance de le rencontrer par sa façon excentrique de s'habiller avec des vestes à motifs et des chaussettes colorées et ses cheveux chargés de brillantine. Il est né à Figueres, en Espagne, une ville de la région de l'Alt Empordà, et a été initié à l'art moderne lors d'un séjour à Cadàques, au bord de la mer. En 1922, il s'installe à Madrid pour étudier à l'Académie San Fernando, mais en 1927, il est renvoyé parce qu'il estime qu'aucun des professeurs n'est en mesure de le juger, et il le dit sans mâcher ses mots. Il est à l'époque de l'avant-garde artistique, ce qui lui vaut des collaborations précoces avec des figures de proue comme Walt Disney et le réalisateur Luis Buñuel, avec lequel il réalise deux films surréalistes qui ont marqué l'histoire du cinéma : *Un chien andalou* (1929), considéré comme le petit manifeste du surréalisme, et *L'âge d'or* (1930). Il décide alors de se laisser pousser sa moustache emblématique à la manière de Diego Velázquez. Quelques années plus tard, il tombe amoureux de Gala, surnom d'Elena Ivanovna Diakonova. Gala avait onze ans de plus que lui, mais ce qui est étrange, c'est que non seulement elle était l'épouse de son ami et poète Paul Eluard, mais que Paul lui-même était témoin à son mariage ! Son nom commence à être connu, sa personnalité exubérante aussi, au point qu'en 1936 à Londres, lors d'une exposition surréaliste, il apparaît à une conférence vêtu d'un scaphandre et d'un casque de verre pour symboliser l'immersion dans un océan de conscience, mais il risque l'asphyxie et personne ne fait attention à lui, pensant qu'il s'agit d'une façon de se donner en spectacle. Voulez-vous connaître une autre bizarrerie de cet artiste avant de découvrir son style surréaliste ? Lors d'un voyage en mer vers New York, il a porté un gilet de sauvetage avec ses peintures attachées par un ruban ! Après cette introduction, il est évident que les œuvres d'art de Salvador Dali sont uniques, originales et totalement non conventionnelles, et que le surréalisme est le mouvement artistique parfait pour sa nature créative et originale. En effet, son style est chargé d'illusions d'optique, d'irrationalité et d'incrédulité, également construites grâce à sa connaissance du dadaïsme et du cubisme, pour créer une forme d'art qu'il qualifie lui-même de paranoïaque-critique, c'est-à-dire caractérisée par des images et des illusions d'optique suggérées par l'inconscient. Parmi ses œuvres majeures, on peut citer : *La persistance de la mémoire* (1932), c'est-à-dire le célèbre tableau avec les horloges, *La moustache de Dali* (1950), *Dante* (1951), *Paysage avec cavaliers et Gala* (1951), *Portrait de Gala regardant la mer Méditerranée* (1976), qui observée à quelques mètres de distance crée une illusion d'optique montrant un portrait d'Abraham Lincoln.

- Frida Kahlo (1907-1954), de son nom complet Magdalena Carmen Frida Kahlo y Calderón, est une peintre mexicaine considérée comme l'un des symboles de l'indépendance féminine et, bien qu'elle n'ait jamais aimé être étiquetée comme telle parce qu'elle pensait représenter sa réalité et non ses rêves, elle est considérée comme l'un des symboles du surréalisme, car son style est très proche de ce mouvement artistique, auquel elle n'a adhéré que pendant une courte période. Sa passion pour l'art a toujours été présente, mais elle est devenue partie intégrante de sa vie quotidienne à partir de 1925, après un grave accident de bus au cours duquel elle a été grièvement blessée et a dû passer la majeure partie de son temps allongée, temps qu'elle a consacré à peindre les émotions découlant de son état, en particulier des autoportraits dans lesquels elle s'est placée dans des environnements suspendus et oniriques. Son style s'est fortement nourri de la culture populaire mexicaine et a également été enrichi par les œuvres réalistes de son grand amour Diego Rivera. En effet, malgré sa mauvaise santé, elle réussit à se rétablir et, en 1932, elle s'installe aux États-Unis, où elle obtient la reconnaissance du public lorsque, en 1938, ses œuvres sont exposées à New York, mais aussi en Europe, notamment à Paris, à l'invitation d'André Breton qui, après avoir vu ses peintures, lui propose d'organiser une exposition. Parmi ses œuvres majeures, on peut citer : *Les deux Fridas* (1939), *Lo que el agua me dio* (1939).

Dadaïsme

Également appelé Dada, le dadaïsme est un mouvement né à Zurich, en Suisse, pendant la Première Guerre mondiale, entre 1916 et 1923. Vous remarquerez que je n'ai parlé que du mouvement sans utiliser l'adjectif "artistique". En effet, les dadaïstes affirmaient que ce qu'ils faisaient n'était pas de l'art, mais de l'anti-art, une forme de rébellion contre l'art standardisé.

Tout a pris forme au Cabaret Voltaire, lieu de rencontre d'artistes et d'intellectuels organisé par le pianiste et écrivain Hugo Ball et son épouse, la poétesse, écrivaine et chanteuse Emmy Hennings. C'est dans ce lieu, meublé par les contributions de tous les artistes qui le fréquentent, que le 8 février 1916, selon d'autres sources le 5 février, est conçu le nom *Dada*, choisi parce qu'il est composé de deux syllabes faciles à prononcer dans n'importe quelle langue, Dada n'ayant pas de sens. Hugo Ball et Richard Huelsenbeck ont notamment créé ce mot en réfléchissant à la signification de *da* dans différentes langues : en russe et en roumain, il pourrait être traduit par *oui*, en allemand par *là*. Cette découverte n'avait pas pour but de trouver un nom au mouvement, mais l'idée avait surgi alors que l'on cherchait un nom de scène pour une chanteuse qui devait se produire au Cabaret Voltaire.

e dadaïsme est un courant né à l'initiative d'un groupe d'intellectuels et d'artistes issus de nations déchirées par la guerre, qui se sont retrouvés en Suisse pour échapper à la guerre et qui ont décidé de lancer une forme d'art capable d'insinuer le doute en toute chose, une forme d'art dépourvue de hiérarchies et de schémas et qu'ils voulaient proclamer comme un cri de révolte anti-guerre, connu sous le nom de Dada, contre la laideur de la société, qui n'avait rien fait pour empêcher le conflit de la guerre. Parmi les noms les plus connus du dadaïsme figurent le poète Tristan Tzara (1896-1963), qui considérait le mot *Dada* comme un non-sens, le réalisateur, peintre et écrivain Hans Richter (1888-1976), l'écrivain Richard Huenselbeck (1892-1974) et le peintre Hans Arp (1887-1966). Le mouvement dadaïste a été soutenu par de nombreux artistes de l'époque, par exemple le peintre et écrivain Francis Picabia (1879-1953), l'artiste du collage et du photomontage Hannah Höch (1889-1978) et Max Ernst, que nous avons également vu dans le chapitre sur le surréalisme, mais les artistes qui ont rejoint ce mouvement sont bien d'autres, car il s'est développé à l'échelle internationale et il est impossible de les citer tous. En effet, grâce à l'originalité de son style et de sa pensée, le dadaïsme n'est pas resté confiné à la Suisse mais a pris pied, dès 1916, en Allemagne, en France et même à New York, grâce à Man Ray (1890-1976) et à Marcel Duchamp (1887-1968).

Les dadaïstes souhaitaient faire place à une nouvelle forme d'expression aléatoire et dissociée, dépourvue de planification, d'esthétique, d'interprétation générale, de rigidité, de logique et de modèles linguistiques, qui s'étende non seulement aux arts figuratifs, mais aussi aux sphères littéraires, narratives et théâtrales. Le mouvement Dada se fait également entendre par le biais de manifestations publiques et de publications telles que *Dada* à Zurich, *291* à Barcelone, *Littérature et Cannibale* à Paris et *Dudu* à Milan.

Une nouvelle technique introduite par le dadaïsme est le *ready-made*. Il s'agit d'une technique introduite par Marcel Duchamp et qui, dans la lignée du mouvement profanateur né au Cabaret Voltaire, consiste à dépersonnaliser l'utilité d'un objet pour le transformer en œuvre d'art et démontrer que l'art peut correspondre à tout, car le véritable artiste n'est pas celui qui crée des choses, mais plutôt celui qui parvient à attribuer un nouveau sens à des objets déjà existants. Un exemple de cette nouvelle forme d'expression est Fontaine (1917), c'est-à-dire un urinoir renversé que Marcel Duchamp avait acheté quelques années plus tôt à New York et sur lequel était écrit R. Mutt 1917, mais d'autres sources pensent qu'il était lui-même l'auteur des mots ou que c'était un de ses amis qui avait signé avec un autre nom, à savoir Richard Mutt. Cette œuvre n'a jamais été présentée au public et a été perdue, mais certains prétendent qu'elle a été jetée à la poubelle par un non-sympathisant. Ce qui est certain, c'est que le ready-made a initié ce que l'on appelle aujourd'hui l'art conceptuel, propre à des musées comme le Centre Georges Pompidou à Paris, auquel Marcel Duchamp a envoyé l'une des nombreuses reproductions de l'urinoir de 1917. En fait, il y a eu plusieurs tentatives de recréation de l'œuvre, presque toujours autorisées par Marcel Duchamp ; l'une d'entre elles a eu lieu en 1950 pour une exposition à New York. Un autre musée auquel la copie de l'urinoir a été envoyée est le San Francisco Museum of Modern Art.

D'une manière générale, l'art Dada s'exprime par l'extravagance et, pour les arts visuels, par les techniques d'assemblage et de photomontage, utilisées comme une représentation critique et satirique de la société. Un dadaïste qui se distingue par l'utilisation de ces techniques est Kurt Schwitters, qui travaille avec des *Merz*, c'est-à-dire des matériaux de rebut issus de coupures de journaux et appelés ainsi parce qu'il a un jour découpé le mot Kommerzbank imprimé dans un magazine. Ce nom devient symbolique et, en 1923, alors qu'il commence à se consacrer à des projets architecturaux, il réalise le *Merzbau*, une sorte de grotte en plâtre et en bois habillée de collages d'images de sa vie privée et professionnelle et de l'assemblage d'objets qui ont une signification particulière pour lui. Parmi ces objets, il y avait même une mèche de cheveux de Hans Richter et une paire de chaussettes ! Malheureusement, l'art de Kurt Schwitters n'est pas apprécié par les nazis et, en 1937, il est inscrit sur la liste de l'art dégénéré ; avec les bombardements de 1943, le *Merzbau* est détruit à jamais et ce qui nous reste aujourd'hui n'est qu'une photographie, mais Schwitters ne se décourage pas pour autant. Après avoir déménagé à Oslo, il a commencé à travailler sur une nouvelle version de son projet, qui s'est toutefois effondré à nouveau à la suite d'un incendie en 1951. Il y eut également une troisième tentative de reconstruction du *Merzbau* lorsqu'il alla vivre en Angleterre en 1947, obtenant même un financement du MOMA de New York, mais les travaux ne furent jamais achevés.

Man Ray a apporté sa contribution au dadaïsme par des expériences photographiques, comme la solarisation et les photomontages, et en travaillant sur le rayogramme, une technique de production d'images négatives, qui consiste à placer des objets sur du papier photosensible et ne nécessite pas l'utilisation d'un appareil photo.

Il y aurait encore beaucoup à dire sur le dadaïsme, mais d'autres mouvements artistiques nous attendent. Je terminerai donc ce chapitre par une curiosité concernant le Cabaret Voltaire : saviez-vous qu'il est encore ouvert aujourd'hui et qu'il a conservé son style original ?

Suprématisme

Le suprématisme est un mouvement artistique né en 1914 à l'initiative de l'artiste russe Kazimir Malevitch (1878-1935), qui a rédigé le Manifeste suprématiste avec le poète Vladimir Majkovsky. Le suprématisme se fonde sur le fait que, selon eux, l'art abstrait est meilleur que l'art figuratif et que l'artiste doit abandonner la représentation de la réalité. L'une des œuvres les plus emblématiques de ce mouvement est le *Carré noir sur fond blanc*, présenté pour la première fois lors de la *Dernière exposition futuriste de tableaux 0,10 (zéro-dix)*, qui s'est tenue à Petrograd en 1915. Malevič a expliqué que le carré noir du tableau représentait le "zéro de la forme", c'est-à-dire qu'il délimitait la fin des canons du passé pour faire place à une nouvelle forme de communication picturale. Toujours en 1915, Kazimir Malevič fonde *Supremus*, un groupe d'artistes qui pensent que le suprématisme peut changer la société pour le meilleur.

Avant de proposer son idéologie sur l'art abstrait, Kazimir Malevič a mené des recherches et des expérimentations à travers l'impressionnisme, le fauvisme et le cubisme, ainsi que le naturalisme, considérés comme des moyens qui ne font pas ressortir la valeur d'une œuvre d'art. Il développera plus tard sa conception du suprématisme dans l'essai *Le Suprématisme. Le monde sans objet ou le repos éternel* pour expliquer que, selon lui, l'artiste moderne doit se concentrer sur la plasticité plutôt que sur l'esthétique, travailler sur une finalité artistique en soi car l'art précédent était tellement chargé de la finalité esthétique qu'il faisait de chaque œuvre une simple reproduction de la réalité ; c'est pourquoi, après l'abstractionnisme, il y a eu la possibilité d'exprimer l'essentiel à travers des géométries.

Kazimir Malevič a également formulé un autre manifeste qu'il a présenté sous le titre *Manifeste suprématiste Unovis*. L'objectif symbolique du suprématisme était la valorisation de la liberté spirituelle plutôt que l'avidité.

En particulier, Kazimir Malevič affirmait que le suprématisme se divisait en trois moments : noir, coloré et blanc. En 1918, se consacrant au moment blanc du suprématisme, il réalise des toiles blanc sur blanc, mettant l'accent sur les formes géométriques. Kazimir Malevič a également eu recours à la collaboration d'autres artistes, par exemple en 1922 lorsque lui et d'autres suprématistes ont créé des dessins en trois dimensions.

Le suprématisme n'a duré que jusqu'en 1927, date de la nouvelle phase de la politique culturelle soviétique, mais il n'a pas complètement disparu car il a trouvé une nouvelle forme d'expression à travers le Bauhaus, un institut d'architecture qui avait déjà vu le jour en 1919. Bien que ce mouvement artistique ait été ralenti par des changements politiques, le suprématisme a réussi à laisser des traces en influençant l'évolution de l'art, de l'architecture et du design au niveau international.

Bauhaus

Tout d'abord, on attribue au Bauhaus la publication d'un autre texte de Kazimir Malevič, *Le monde comme non-objectif*, en 1927. Puisque nous avons parlé jusqu'à présent de tendances et de mouvements artistiques, vous pourriez penser que le Bauhaus est la même chose, mais ce n'est pas le cas. Le Bauhaus, qui signifie littéralement "maison de la construction", est un institut d'art, d'artisanat et de design fondé à Weimar, en Allemagne, en 1919 par l'architecte Walter Gropius avec l'idée de fusionner l'art et la technique et d'utiliser les nouvelles technologies. Le choix de Weimar n'est pas dû au hasard : à l'époque, c'était le centre des idées sociales et politiques et le lieu où devait s'établir la nouvelle République.

Cet institut a tellement innové dans le monde du design et de l'architecture qu'il a encore aujourd'hui un impact considérable sur le design et l'architecture. Parler du Bauhaus nous donne l'occasion d'apprendre une curiosité : bien que Walter Gropius ait été architecte, dans les premières années de sa fondation, l'institut n'avait pas de section d'architecture ! Mais c'est bien peu par rapport à la contribution que cet institut a apportée au monde de l'art et si l'on pense que certaines des œuvres créées dans les locaux de l'institut ont même été reconnues comme sites du patrimoine de l'UNESCO en 1996.

Les idéaux de l'enseignement artistique du Bauhaus, issus du mouvement Arts and Crafts, Mouvement pour la réforme des arts appliqués, ont fait école au sens propre du terme car ils ont défini les lignes éducatives et professionnelles du design industriel et graphique, grâce à l'idée de combiner les domaines de l'art, de l'artisanat, de l'industrie et du design pour produire des objets simples et dépourvus de gribouillis. Parmi les professeurs qui ont enseigné au Bauhaus, on trouve des artistes de renom tels que Vasily Kandiskij et Paul Klee.

Le site de Weimar ne fut pas le seul, puisqu'en 1925, à la chute de la République, un nouveau site fut installé à Dessau. Mais, s'il est vrai que tous les maux ne sont pas nuisibles, l'emplacement du nouveau siège fut l'occasion de construire un bâtiment emblématique des idéologies de l'institut : il fut conçu dans le but de créer un espace pour les étudiants et les professeurs, avec de grandes fenêtres et divisé en plusieurs zones entre les cours, les laboratoires, les bureaux et les lieux de détente pour les étudiants. D'un point de vue esthétique, le bâtiment a été construit selon des techniques et des normes modernes.

Nouvelle objectivité

La Nouvelle Objectivité, le Nouveau Réalisme ou la *Neue Sachlichkeit* est un courant artistique très particulier né en Allemagne et développé en réaction à la subjectivité et à la fantaisie de l'Expressionnisme, répondant par un retour à la représentation de la réalité objective. Ce courant est né à l'époque de la République de Weimar, qui a duré de 1919 à 1933, lorsque le monde a connu l'une des pages les plus sombres et les plus douloureuses de l'histoire : l'avènement du nazisme. C'est une phase qui dure une dizaine d'années, de 1923 à 1933 plus précisément, et au cours de laquelle les artistes commencent à s'approprier tout ce que la société a subi, notamment pendant la guerre, qui devient le sujet des tableaux, dont la plupart représentent la souffrance, la violence, les victimes et les conséquences de la guerre, etc. Les œuvres de la Nouvelle Objectivité perdent cette dimension imaginative et intérieure et se chargent d'une satire diabolique qui reflète une prise de conscience de ce qu'est la réalité. C'est donc un regard cynique et perspicace qui est posé sur la toile de manière caricaturale, et c'est peut-être sur cet aspect que l'on peut trouver une certaine analogie avec l'expressionnisme, ainsi que l'utilisation de couleurs fortes et même quelques traces de fauvisme, mais il n'y a plus de place pour les émotions et les sentiments intérieurs de l'artiste ou pour l'interprétation personnelle de chaque spectateur, car l'art doit à nouveau parler à tout le monde en délivrant le même message : la réalité vraie et authentique.

Ainsi, l'objectif de ce mouvement était de représenter les choses de manière objective, vériste, mais aussi classiciste, à tel point que l'on peut parler de deux groupes de la Nouvelle Objectivité : l'un vériste, principalement présent entre Berlin et Dresde, et l'autre plus classique appelé Réalisme magique, principalement intéressé par le style et la technique, établi près de Munich et de Karlsruhe et attribué au marchand d'art italien Emilio Bertonati. C'est là que se pose la question : pourquoi appeler Réalisme magique un groupe d'artistes qui voulait revenir à la représentation de la réalité objective ? Le choix de ce nom a été justifié en expliquant que, suivant les caractéristiques harmonieuses du classicisme et une empreinte proche du surréalisme, l'intention était d'exhumer tout l'enchantement que l'on pouvait discerner dans la réalité quotidienne.

Les artistes qui adhèrent à l'aile vériste ressentent le besoin de se détacher de la subjectivité et de faire de la peinture un instrument de manifestation de l'état d'esprit sombre, critiquant également la société coupée en deux par la pauvreté et la richesse, mais aussi par les assauts du nazisme. Il n'y a pas de style commun, mais chaque artiste s'exprime de la manière qu'il préfère : il y a ceux qui dépeignent des scènes de la réalité tirées de la vie urbaine, où l'on remarque les riches bourgeois, les exploiteurs, les victimes de la guerre et les visages tristes des pauvres, et même les expressions menaçantes des gardes nazis ; à l'inverse, les adeptes du réalisme magique préfèrent se concentrer sur les paysages, les natures mortes et les portraits.

La désillusion et le sentiment de mécontentement face à l'impact de la guerre sur la situation économique et sociale sont perceptibles dans les peintures. Selon les artistes de la Nouvelle Objectivité, il est impossible de concentrer ses énergies dans un art trop subjectif et spirituel qui laisse place à l'imagination, car il faut que l'art redevienne le miroir de ce qu'est la société, qu'il fasse son devoir en revenant à un réalisme objectif, sans expérimenter, et qu'il commence à représenter la réalité tangible pour ce qu'elle est. En se transformant en un moyen de reproduire la réalité, la Nouvelle Objectivité a marqué le monde de l'art, mais n'a pas apporté de changements significatifs en termes de style et de techniques. L'influence d'autres genres tels que le néoclassicisme, le dadaïsme et le surréalisme est néanmoins restée présente.

Les œuvres des artistes de la Nouvelle Objectivité entrent sur la scène de l'art dégénéré, appellation donnée à tous les artistes considérés comme opposés au nazisme et qui, pour cette raison, ont été contraints de fuir vers l'Amérique. En outre, la Nouvelle Objectivité a également été influencée par l'art italien, puisque des images inspirées de lieux italiens peuvent être trouvées dans les peintures, et les artistes de ce mouvement se sont également approchés de la peinture métaphysique.

L'ART APRÈS LA SECONDE GUERRE MONDIALE

Expressionnisme abstrait

L'histoire de l'art distingue deux formes d'expressionnisme : l'une correspond à ce que nous avons vu dans les chapitres précédents et l'autre est définie comme abstraite et liée à la période qui a suivi la Seconde Guerre mondiale. Ce mouvement artistique s'est développé en dehors de l'Europe et a trouvé son succès aux États-Unis entre 1947 et 1970 environ, faisant de New York le nouveau centre de l'effervescence artistique et culturelle. Alors que dans les phases précédentes, tous les artistes se retrouvaient à Paris pour apprendre, se faire connaître et chercher des possibilités de comparaison, ils se dirigent désormais tous vers New York ; la distance avec l'Europe n'est que géographique, car l'expressionnisme abstrait est également influencé par la présence d'artistes européens qui ont trouvé refuge aux États-Unis pendant la Seconde Guerre mondiale. Cela a créé une synergie entre l'art américain et l'art européen, et non une rivalité.

L'expansion de l'expressionnisme abstrait est également marquée par les peintres de la *New York School*, une école qui avait déjà émergé dans les années précédentes et qui a été traversée par l'art européen, notamment grâce aux expositions organisées par le photographe Alfred Stiegliz (1864-1946) à la Gallery 291 sur la Cinquième Avenue, où étaient exposés les chefs-d'œuvre d'artistes tels que Pablo Picasso et Henri Matisse, pour n'en citer que quelques-uns.

Est-il juste de dire que la guerre est la raison pour laquelle l'expressionnisme abstrait est né aux États-Unis et non en Europe ?

Peut-être oui, si l'on tient compte du fait qu'en Europe, la plupart des pays s'accommodaient de l'après-guerre, s'efforçant de reconstruire ce qui restait après le conflit et de redémarrer économiquement et socialement. Au contraire, les États-Unis se sont retrouvés en position de force sur le plan social, politique et économique, devenant ainsi un terrain fertile pour l'expérimentation artistique.

Quelle que soit la motivation de l'émergence d'un nouveau centre d'art, il existait à l'époque à New York une vive curiosité pour l'histoire et la culture américaines et un fort sentiment d'appartenance à ses racines qui ont généré enthousiasme et productivité dans tous les domaines et ont permis à l'art américain de se retrouver sous les feux de la rampe et de donner une plus grande définition à l'identité culturelle américaine.

La définition de l'expressionnisme abstrait indique clairement que, derrière les lumières scintillantes de la gaieté culturelle, il y avait des ombres : celles des actualités qui informaient de l'existence d'une réalité cruelle et brutale, dominée par les effets de la guerre, de la dépression économique et même de la guerre froide ; ainsi, la connaissance de la réalité a alimenté l'expressionnisme abstrait, que les artistes ont utilisé pour extérioriser leurs propres sentiments et ceux de la société, mais aussi pour véhiculer des messages d'optimisme.

Lentement, l'expressionnisme abstrait a ouvert la voie à une nouvelle phase de l'art américain, qui a commencé à affirmer son caractère propre et à s'éloigner de toute autre influence culturelle étrangère, devenant même, selon certaines rumeurs, un outil de propagande pendant la guerre froide, par le biais d'expositions temporaires conçues par la CIA pour populariser les idéologies démocratiques et individualistes américaines.

Après ce préambule, passons à la partie la plus divertissante : les caractéristiques de l'expressionnisme abstrait, qui nous ramènent à nouveau à l'école de New York. Cantonnés à la région de New York, les artistes de l'expressionnisme abstrait ont développé un style plus ou moins similaire. La base des opérations des premières années était la galerie Peggy Guggenheim, où Jackson Pollock a tenu son exposition en 1943 ; plus tard, le nouveau lieu est devenu la galerie de Betty Parsons, mais la substance n'a pas changé parce que les artistes ont continué à suivre une ligne commune. À partir de 1947, l'expressionnisme abstrait prend définitivement son essor, grâce aux œuvres des figures majeures de l'école de New York : Franz Kline (1910-1962), Willem de Kooning (1904-1997), Jackson Pollock (1912-1956) et Mark Rothko (1903-1907).

La figure de Jackson Pollock est la plus importante dans ce contexte culturel américain car, parmi les diverses contributions qu'il a apportées à l'art, il a introduit le dripping, la technique de la peinture à l'eau, qui consiste à faire couler le pinceau imbibé de peinture sans le poser directement sur la surface de travail. Avec les innovations introduites par Mark Rothko avec ses formes flottantes et par Willem de Kooning avec ses images aux contours griffés et incomplets, il a donné naissance à un nouveau style appelé *Action painting* ou peinture d'action, qui ajoute une nouvelle couche à l'art contemporain.

Action painting et Color Field Painting

L'*Action Painting* est la définition de l'expressionnisme abstrait après que le critique d'art Harold Rosenberg a donné son avis sur les innovations proposées par Jackson Pollock, Willem de Kooning et Mark Rothko en 1952, considérant Willem de Kooning comme un véritable *action painter*, alors que Jackson Pollock en était considéré comme l'initiateur.

Sans ligne définie, sans canons stylistiques à suivre, sans point de départ, les résultats de l'Action Painting ont produit un art parfois inquiet, instinctif, chaotique, vague, et c'est très bien ainsi, car tous les artistes qui ont adopté cette technique étaient animés par la colère et la force, à tel point que le *dripping* a été supplanté par l'action gestuelle, technique qui consiste à projeter la couleur directement sur la toile pour mettre en valeur le geste de l'artiste plutôt que l'effet esthétique. Le caractère apparemment aléatoire de cette forme d'art nous incite à revenir au discours sur l'influence de l'art européen et à considérer que Jackson Pollock a fait ses premières expériences artistiques en s'inspirant du cubisme et de tout ce qui était considéré comme pertinent dans le langage de la peinture européenne moderne. En témoigne le tableau Going West (1934-35) qui, par ses formes, ses coups de pinceau et ses nuances de couleur, présente de nombreuses affinités avec les avant-gardes européennes ; il est donc probable qu'il se soit également inspiré des avant-gardes européennes pour créer le *dripping*, créant ainsi une nouvelle manière de faire de l'art.

Une tendance opposée à l'action painting est la *colour field painting* ou *Post-Painterly Abstraction*, une technique introduite en 1950 qui peut également être considérée comme un mouvement artistique à part entière et qui, sans suivre l'instinct et les émotions fortes et de manière plus calme, s'attarde sur des toiles caractérisées par de grands champs de couleurs, tracées avec le pinceau posé sur la toile et inspirées par l'agitation générée par l'atmosphère de l'après-guerre, basée sur les théories de Carl Gustav Jung, entre la mémoire et le monde des rêves. Si l'on compare l'*Action Painting* et le *Colour field painting*, on peut dire que, dans le premier cas, le bruit de l'âme prédomine, tandis que, dans le second, c'est l'immobilité qui prévaut. Les artistes qui se sont fait connaître avec le *colour field painting* sont Mark Rothko, Kenneth Noland (1924-2010) et les créateurs du *colour spot painting* Helen Frankenthaler (1928-2011) et Morris Louis (1912-1962).

Bien qu'elles semblent diamétralement opposées, ces techniques ont également des points communs : elles n'ont pas de motif initial, elles sont totalement abstraites parce qu'elles ne représentent pas la réalité ou des objets, et elles répondent à des émotions intérieures.

Pop-art

Si vous vous promenez dans les rues commerçantes de votre ville, vous trouverez probablement au moins un magasin qui propose quelques articles inspirés du *Pop Art*, un art populaire créé pour surprendre, pour donner un effet de surprise. C'est la période de la société de consommation, de la post-modernité, du capitalisme, de la culture de masse, de la société du spectacle théorisée par le philosophe Guy De Bord, avec une culture marchandisée, non plus l'apanage d'une élite restreinte mais à la portée de tous, d'une société où tout devient fugace, dure un instant, parce qu'il y a toujours quelque chose de nouveau à acheter et à consommer dans la société de consommation. C'est une société qui ne s'étonne pas et qui a appris les couleurs de l'avant-garde.

Le *Pop-Art* est un art ironique qui, malgré sa courte durée de vie, a révolutionné la conception de l'art. Il s'est répandu dans les mêmes buts que l'expressionnisme abstrait : réagir à la tristesse et à la noirceur de l'après-guerre et regarder vers l'avant, vers la nouveauté, en manifestant ce désir à travers un style similaire au dadaïsme, avec la promotion d'un art/non-art qui se rebelle contre l'art conventionnel en utilisant une juxtaposition inhabituelle d'images représentant des visages de personnes célèbres, des fragments de magazines, de journaux et de bandes dessinées.

Le *Pop-Art* est apparu en Grande-Bretagne au plus fort du boom économique du milieu des années 1950. Il s'agit d'une abréviation de *Popular Art*, un terme introduit par Lawrence Alloway en 1958 en référence à tout ce qui faisait partie des produits de la société de masse, des médias et du consumérisme, y compris les appareils électriques, la publicité, la radio, la télévision, la mode et bien d'autres choses encore.

*Just what is it that makes today's homes so different, so appealing ? (*Qu'est-ce qui rend les maisons d'aujourd'hui si différentes, si attrayantes ?) est l'œuvre manifeste du Pop-art, créée en 1956 par Richard Hamilton (1922-2011), un artiste londonien qui admirait Marcel Duchamp et l'a même rencontré en personne. C'est avec lui qu'est né le *Pop-Art*, qui n'est pas né en Amérique avec Andy Warhol comme tout le monde le pense.

Just what is it that makes today's homes so different, so appealing ? est une œuvre qui critique la société de consommation, brise le moule, suscite l'étonnement et peut-être quelques sourires chez ceux qui la voient pour la première fois : un collage extravagant avec la juxtaposition d'objets symboliques typiques du rêve américain et de personnages tirés de coupures de presse et collés sur l'image du salon d'une maison ordinaire de l'époque, envahi par un téléviseur, un magnétophone, un paquet de jambon en conserve, une bande dessinée, une ménagère avec un aspirateur et bien d'autres choses encore.

Un autre artiste britannique qui a épousé le Pop-Art est Peter Blake qui, entre 1955 et 1957, a créé *On the Balcony*, une peinture en forme de collage présentant différentes images sur le thème du balcon, citant également le tableau d'Édouard Manet *Le Balcon* (1868) ; en outre, en 1967, Peter Blake a créé la couverture du huitième album des Beatles, *Sgt. Pepper's Lonely Hearts Club Band*.

En 1960, le Pop-Art débarque également aux États-Unis avec Andy Warhol (1928-1987) et Roy Lichtenstein (1923-1997), qui font de la société capitaliste leur muse et lui rendent hommage dans leurs œuvres, contrairement à l'Europe où les artistes tentent de mettre en garde contre les pièges du capitalisme.

Peintre, graphiste, sculpteur, artiste créatif, Andy Wharol n'est pas le créateur du Pop-Art, mais c'est lui qui en a fait un art emblématique. Il a pris la société de consommation et l'a montée et démontée à travers les étiquettes que les médias donnaient et donnent aux choses.

Le style d'Andy Warhol est consacré à l'esthétique, à l'embellissement, à la dissimulation des défauts et à l'embellissement de tout ce qui est glamour et iconique, répondant au désir du public d'admirer les visages et les objets célèbres pour leur côté esthétique, en reléguant au second plan ce qui se trouve au-delà des apparences. Ici, un objet quotidien comme une boîte de soupe à la tomate ou le visage d'une célébrité deviennent des icônes de peintures psychédéliques et sérielles, un exemple étant le visage de l'actrice Marylin Monroe.

The Factory était son studio à New York, mais c'était aussi un lieu exclusif auquel seuls quelques privilégiés, les "VIP", *Very Important Persons*, pouvaient avoir accès et assister aux soirées organisées. *The Factory* était un lieu vivant et culturellement riche où se rencontraient des personnes d'horizons artistiques différents.

Beaucoup plus réservé et réticent à la vie sociale qu'Andy Warhol, Roy Lichtenstein est considéré comme le créateur des iconiques bandes dessinées géantes décontextualisées et colorées, avec de nombreux points. Saviez-vous qu'il les insérait manuellement en utilisant la technique des points *Ben-Day* et qu'il ne s'agissait pas de tirages ? Les plus célèbres sont *Whaam, In the car* et *Crying Girl*, tous réalisés en 1963. C'est pour cela qu'on se souvient le plus de lui, et pourtant, Roy Lichtenstein était un artiste différent de ceux de son époque. Il a suivi de nouvelles tendances, mais n'a jamais abandonné le classicisme et, dans les premières années de sa carrière artistique, il s'est beaucoup attardé sur des peintures émulant l'art européen entre l'expressionnisme et le cubisme et d'autres inspirées de la peinture traditionnelle chinoise. En outre, lorsqu'il s'est concentré sur le Pop-Art à partir de la fin des années 1950, il a rompu avec le style d'Andy Wharol, qui se concentrait sur l'apparence et les étiquettes, et a créé ses œuvres en s'inspirant de tout ce qui était banal, dépourvu de ce que nous appelons aujourd'hui le "branding" (marque).

Minimalisme

Less is more (moins, c'est mieux). Combien de fois avez-vous entendu cette phrase ? Le concept qui la résume est le thème du dernier chapitre de ce livre : le minimalisme, un mouvement artistique postérieur à la Seconde Guerre mondiale qui s'est surtout répandu en Amérique à partir des années 1960, à l'opposé des formes d'art excentriques, psychédéliques et chargées d'éléments, en particulier l'expressionnisme abstrait et le Pop-Art. *Less is more* est un concept plus ancien, qui remonte à la fin du XIXe siècle, mais dont le sens ne change pas : moins il y a de choses, plus l'essentiel est au centre de l'attention.

Plus qu'un mouvement artistique, le minimalisme est un courant de pensée qui englobe également l'écriture, la musique, l'architecture, le mobilier, le design et la peinture. C'est aussi un mode de vie, fondé sur la capacité à dire non au superflu pour ne s'entourer que du nécessaire.

Les *White Paintings* de 1951 de Robert Rauschenberg (1925-2008) et les *Black Paintings* de 1960 d'Ad Reinhardt (1913-1967) comptent parmi les exemples les plus frappants d'un minimalisme qui, dans le cas d'Ad Reinhardt, commence avec le suprématisme de Kazimir Malevič.

L'art minimal a commencé à faire parler de lui en 1965 après la publication de l'essai éponyme du philosophe Richard Wollheim, dont le contenu était consacré à d'autres mouvements artistiques faisant l'objet d'une exposition à la *Green Gallery* de New York, mais le terme d'art minimal semblait également convenir parfaitement à la production des artistes au cours des années 1960.

Dans le domaine de l'art, le minimalisme, qui suit la philosophie du *Bauhaus*, se présente comme un art froid, anti-expressif, calculé et précis, qui s'unit au *Pop-Art* par son objectif : la production de masse, seule similitude entre les deux mouvements artistiques, car les minimalistes étaient opposés à la conception de l'art en tant que bien de consommation.

Tout en s'opposant à l'excentricité, l'art minimaliste rejette le réalisme et vise la simplicité, la rationalité et l'appréciation de l'essentiel. L'utilisation de la couleur devient modérée et l'art se charge de sa propre personnalité, comme l'affirment les minimalistes. Il s'agit d'un art qui ne cherche pas à reproduire quoi que ce soit, mais à s'exprimer à travers le moins possible, la soustraction, la dépersonnalisation et l'anti-expressivité en utilisant des matériaux de construction tels que les briques, le métal, le plexiglas, le verre, le plastique, les tubes néon, les lumières et les plaques pour travailler avec des lignes et des formes géométriques qui doivent être représentées de manière froide.

Les artistes qui ont le mieux représenté le minimalisme sont les suivants :

- Peintre et sculpteur américain d'origine italienne, Frank Stella (né en 1936) est parti de l'expressionnisme abstrait pour évoluer vers le minimalisme, dont il est considéré comme un précurseur, en se concentrant sur l'abstraction géométrique avec des motifs répétitifs et fragmentés. Parmi ses œuvres majeures, on peut citer *Gray Scramble* (1965), le jeu de cercles, de courbes et de carrés *Harran II* (1967), *Star of Persia I* (1967), la série de lithographies *Shards* (1982) ;

- Le sculpteur Bob Morris (1931-2018), de son nom complet Robert Morris, est celui qui a le mieux mis en œuvre le concept de minimalisme avec ses sculptures modulaires et monumentales. Son œuvre la plus célèbre, créée en 1974, est peut-être *4 Rings, 2 Centers*, une œuvre monumentale d'une vingtaine de mètres conçue pour créer une synergie entre l'espace environnant et le spectateur. Certaines de ses sculptures ont été utilisées comme éléments de décor pour les danseurs du Juson Dance Theatre à New York. Parmi ses autres œuvres, citons *Untitled (Box for standing)* de 1961, l'installation *Labyrinthe (1982)*, et la série *Mirror Pieces* réalisée entre 1961 et 1978.
- Donald Judd (1928-1994) a travaillé sur la tridimensionnalité de parallélépipèdes et de rectangles placés dans l'espace de manière modulaire et progressive pour créer une harmonie entre les pleins et les vides. Il a réalisé ces créations en travaillant l'acier inoxydable et d'autres matériaux industriels, comme l'ont fait d'autres minimalistes. Ses œuvres minimalistes comprennent : *Untitled (Progression)* de 1965, *Untitled (Stack)* de 1967 ;
- Le peintre Enrico Castellani (1930-2017) a expérimenté les possibilités créatives offertes par les surfaces matelassées, des surfaces perforées au dos avec des cales en bois disposées parallèlement pour créer des ombres et des saillies et mettre en lumière la spatialité. L'une de ses œuvres les plus connues est *Superficie bianca* (1969) ;
- Dan Flavin (1933-1996) a utilisé des néons pour créer des sculptures saisissantes. C'est un minimaliste qui est entré dans le monde de l'art presque par hasard, malgré son talent, lorsqu'il a décidé d'accepter un emploi d'employé au bureau de poste du musée Guggenheim et de concierge au MOMA afin de connaître de première main la société des artistes.

Son projet a été couronné de succès, non seulement grâce aux rencontres influentes qu'il a faites, mais aussi grâce à la manière dont il a pu exprimer son point de vue minimaliste en réalisant des sculptures à partir d'objets quotidiens tels que des lampes fluorescentes appelées *Icônes*, dont il a démonté la partie métallique, ne conservant que la fixation du plafonnier pour les fixer au mur afin de mettre en valeur la couleur et la lumière ;

- Agnes Martin (1912-2004), bien que plus orientée vers l'abstractionnisme, fait partie des minimalistes pour sa façon de travailler avec des surfaces carrées et rectangulaires dessinées à la main avec des lignes et des tirets blancs. L'une de ses œuvres les plus célèbres est *White Flower* (1960).

Conclusions

C'est ici que s'achève ce voyage à la découverte des mouvements artistiques qui ont déterminé le développement de l'art moderne.

Je suis sûre qu'aujourd'hui, comme moi, vous fantasmez sur la vie des artistes que nous avons rencontrés dans ce livre et que vous êtes partis à la recherche des lieux où ils sont nés, où ils se sont formés et où ils ont testé leurs talents. Qui sait, peut-être que vous aussi, comme moi, maintenant que vous avez atteint les dernières lignes de ce livre, vous prévoyez déjà de découvrir les expositions d'art et les musées les plus proches de chez vous pour tester vos connaissances artistiques et vous amuser à deviner les titres des tableaux et les mouvements artistiques auxquels ils appartiennent.

Il ne me reste plus qu'à vous poser la question : quel mouvement artistique est devenu votre préféré ? De tous les artistes que j'ai cités, lequel préférez-vous ?

Quelle que soit votre réponse, j'espère avoir éveillé en vous l'amour de la connaissance et de l'art, qui est l'une des choses les plus précieuses que nous ayons pour connaître la réalité et les myriades de facettes qui permettent de l'interpréter.

Jim!

Note de l'auteur

Merci beaucoup d'avoir lu ce livre ! Comme vous l'avez peut-être deviné, à travers ce manuscrit et les autres de la série « Easy History », j'essaie de rendre des sujets normalement traités par des textes académiques longs et compliqués simples et accessibles à tous.

Mon objectif en tant qu'écrivain indépendant est de contribuer à la diffusion des faits historiques de la manière la plus neutre possible et d'une manière qui puisse réellement toucher tout le monde, afin de permettre aux lecteurs de se faire leur propre opinion sur ce qui s'est passé dans l'histoire et sur ce qui nous a été transmis par les mythes et les légendes.

Un type d'information indépendant, simple et neutre est, à mon avis, une arme très puissante contre l'ignorance et l'instrumentalisation que nous voyons aujourd'hui même dans les grands médias, et dans ce sens il n'y a pas de meilleure solution que de connaître le passé pour construire un meilleur avenir.

Pourquoi est-ce que je fais ça ? Par passion, ni plus ni moins. J'ai toujours été un lecteur presque obsédé par les livres d'histoire et de mythologie, et j'ai toujours été fasciné par la façon dont les événements survenus il y a des centaines ou des milliers d'années affectent encore la vie d'aujourd'hui.

Comme je suis un auteur totalement indépendant, qui effectue lui-même toutes les recherches, la rédaction et la publicité de ses livres, je vous demande une toute petite faveur :

Si vous avez aimé le lire, ou si vous l'avez simplement trouvé utile pour quelque raison que ce soit, je vous demande de laisser un avis ou une simple note sur Amazon.

Vous n'imaginez pas à quel point cela peut être utile pour moi et pour tous ceux qui, comme moi, font tout eux-mêmes !